AF313224

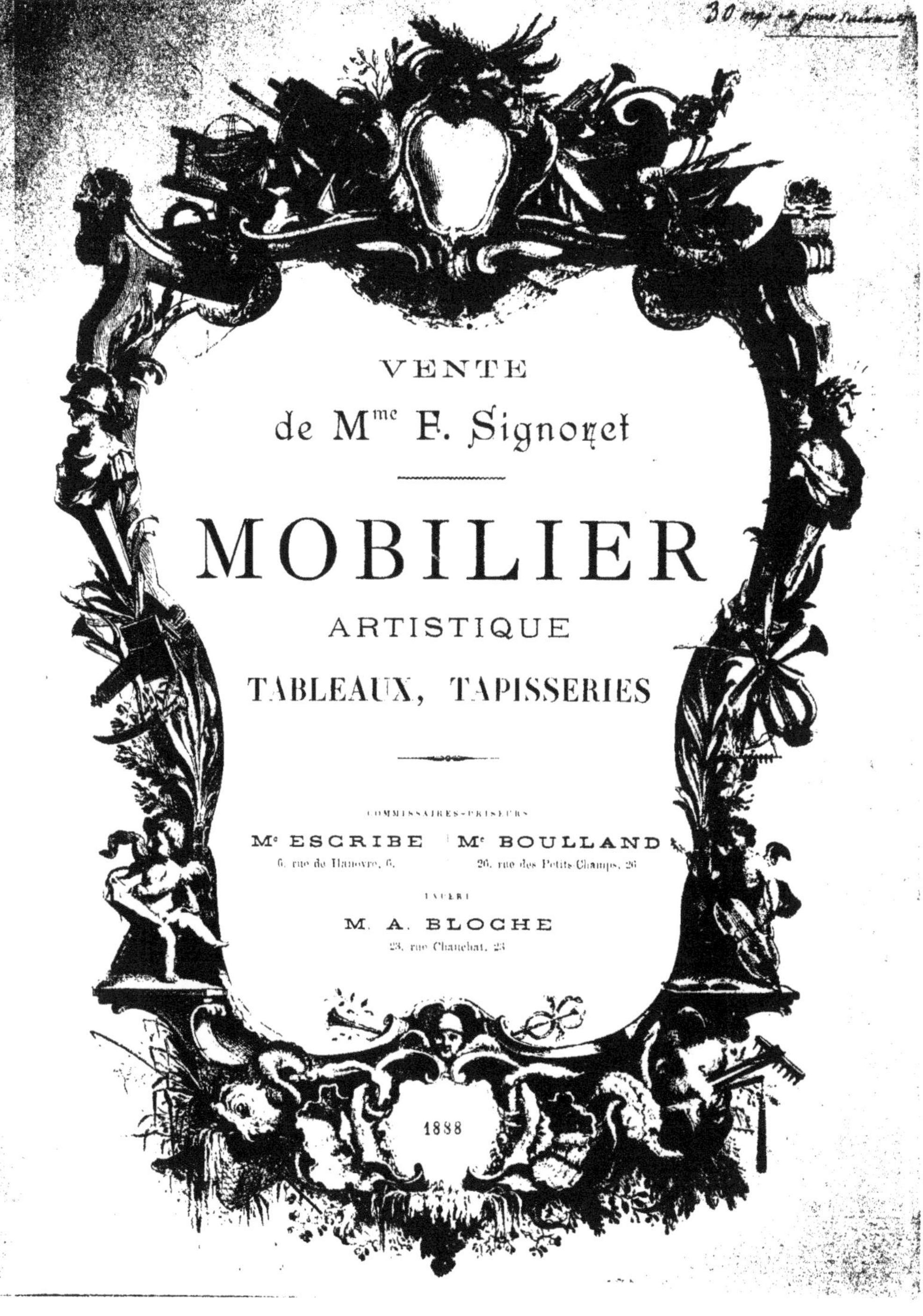

VENTE
de Mᵐᵉ F. Signoret
MOBILIER
ARTISTIQUE
TABLEAUX, TAPISSERIES
COMMISSAIRES-PRISEURS
Mᵉ ESCRIBE   Mᵉ BOULLAND
6, rue de Hanovre, 6.   26, rue des Petits-Champs, 26
EXPERT
M. A. BLOCHE
23, rue Chauchat, 23
1888

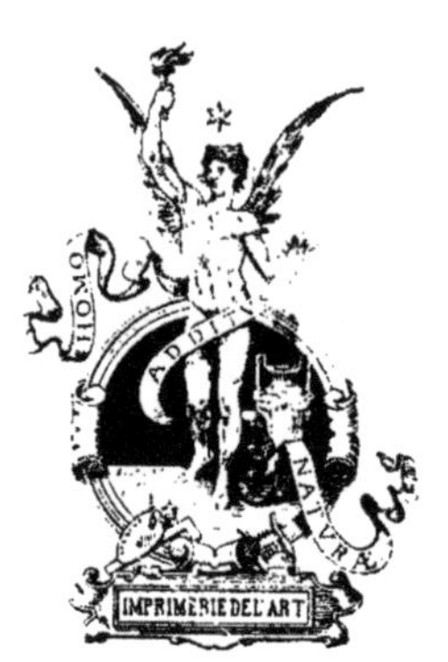
HOMO
NATVR
IMPRIMERIE DEL'ART

TRÈS ÉLÉGANT

MOBILIER ARTISTIQUE

DE LA

Renaissance et du XVIIIᵉ siècle

MEUBLES ANCIENS ET DE STYLE

TABLEAUX, OBJETS D'ART

TAPISSERIES

PARIS. — IMPRIMERIE DE L'ART

E. MÉNARD ET Cⁱᵉ, 41, RUE DE LA VICTOIRE

CATALOGUE

DU

TRÈS ÉLÉGANT

MOBILIER ARTISTIQUE

DE LA

Renaissance et du XVIIIᵉ siècle

MEUBLES ANCIENS ET DE STYLE

TABLEAUX, OBJETS D'ART

Bronzes du temps de Louis XVI

Anciens Émaux cloisonnés, Éventails, Porcelaines, Faïences, Ivoires
Objets de l'Extrême-Orient

Groupes en marbre, de d'Épinay et de Carrier-Belleuse

BELLES TAPISSERIES DE LA RENAISSANCE

RICHES TENTURES BRODÉES

Plafond attribué à Natoire

VICTORIA DE ROTHSCHILD

Appartenant à Mᵐᵉ F. SIGNORET

ET GARNISSANT SON HÔTEL

Où la vente aura lieu

26, RUE GALILÉE, 26

Les Mercredi 30, Jeudi 31 Mai, Vendredi 1ᵉʳ et Samedi 2 Juin 1888

A DEUX HEURES

Par le Ministère de

Mᵉ ESCRIBE

COMMISSAIRE-PRISEUR

6, rue de Hanovre, 6

Mᵉ G. BOULLAND

COMMISSAIRE-PRISEUR

26, rue des Petits-Champs, 26

Assistés de

M. A. BLOCHE

EXPERT

23, rue Chauchat, 23

EXPOSITIONS

PARTICULIÈRES : Les Samedi 26, Dimanche 27 et Lundi 28 Mai 1888, de 1 h. 1/2 à 5 h. 1/2

PUBLIQUE : Le Mardi 29 Mai 1888, de 1 h. 1/2 à 5 h. 1/2

Le présent Catalogue se trouve à

Paris . . . . Chez Me Escribe, commissaire-priseur, 6, *rue de Hanovre.*

— Chez Me G. Boulland, commissaire-priseur, 26, *rue des Petits-Champs.*

— Chez M. A. Bloche, expert, 23, *rue Chauchat.*

Londres . . . . Chez M. George Donaldson, 106, *New Bond Street.*

— Chez M. E. Joseph, 158, *New Bond Street.*

Amsterdam . . . . . . Chez M. J. Boasberg, 63, *Kalverstraat.*

Francfort-sur-Mein . . Chez MM. Lœwenstein frères, 4, *Kaiserstrasse.*

Rome . . . . Chez M. Piatelli, 31, *via Funari.*

CONDITIONS DE LA VENTE

Elle sera faite au comptant.

Les acquéreurs payeront, en sus des adjudications, *cinq pour cent* applicables aux frais.

L'Exposition mettant le public à même de se rendre compte de l'état des objets, il ne sera admis aucune réclamation une fois l'adjudication prononcée.

Nota. — L'Hôtel est à vendre.

Visible de 2 heures à 5 heures, à partir du 22 Mai.

Pour visiter, demander les permis à Mrs Escribe et Boulland, et à M. A. Bloche.

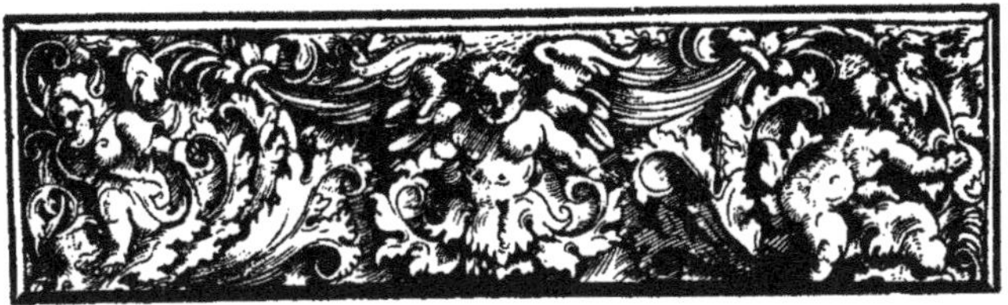

Désignation des Objets

VESTIBULE

1 — TRÈS BELLE DÉCORATION DE PORTE, composée de deux portières et d'un bandeau en tapisserie au point et au petit point, représentant des médaillons à petits personnages : sujets allégoriques, grands ramages et oiseaux du temps de Louis XIII; garnitures en passementerie et franges assorties; relevée par des embrasses plates brodées, avec gros glands; galerie à moulures en bois de noyer.

Portières. Haut., 2 m. 30 cent.; larg., 80 cent.
Bandeau. Haut., 50 cent.; larg., 3 m. 40 cent.

2 — BELLE BANQUETTE en bois sculpté, offrant sur le devant deux médaillons : personnages couchés dans des paysages; au milieu, un cartouche à écusson. Les côtés sont ornés de têtes de femmes drapées. Les accotoirs sont formés par des dauphins accouplés. Derrière cette banquette, et comme y adhérant s'élève un beau trumeau avec encadrement d'aspect architectural, en noyer sculpté, fronton à cariatides formant les montants, et frise à arabesques courant dans toute la largeur du trumeau. Au milieu est enchâssée une jolie tapisserie de la Renaissance, représentant des scènes de chasse à petits personnages en costumes de l'époque. Travail partie du XVIe siècle.

Banquette. Haut., 57 cent.; larg., 1 m. 77 cent.
Trumeau. Haut., 2 m. 85 cent.; larg., 1 m. 50 cent.

3 — BEAU MEUBLE à deux corps, en bois sculpté, s'ouvrant à une grande
porte offrant en bas-relief : *l'Adoration des Bergers*. Sur les montants se dessinent des têtes fabuleuses et des jetées de fruits, de fleurs
et de feuillages. Le fronton est orné d'une frise à rinceaux feuillagés.
Le bas à jour présente sur les côtés et au milieu d'un tiroir trois
têtes de chérubins. Avec serrure compliquée, en fer gravé, à quatre
pannetons et clef du XVI⁰ siècle. Élevé sur un socle recouvert de
moquette rouge.

Hauteur sans le socle, 2 m. 30 cent.; larg., 1 m. 54 cent.
Hauteur avec le socle, 2 m. 40 cent.; larg., 1 m. 54 cent.

4 — ÉTAGÈRE PORTEMANTEAUX en bois sculpté, ornée de figures de satyres, avec patères en cuivre poli à têtes de dauphins. Travail partie
du XVI⁰ siècle.

Haut., 92 cent.; larg., 1 m. 90 cent.

5 — SIX ESCABEAUX en bois sculpté, dossiers en forme de grandes rosaces
à draperies surmontées de têtes de lions. Style Renaissance.

Haut., 1 m. 20 cent.; larg., 33 cent.

6 — DEUX SUPPORTS en bois sculpté, formés de cariatides d'enfants, avec
pieds à rocailles. Style Renaissance italienne.

Haut., 1 m. 18 cent.

7 — JARDINIÈRE ronde en cuivre rouge repoussé, dessin à figures et animaux courant dans des arabesques. XVI⁰ siècle.

Haut., 29 cent.; diam., 40 cent.

8 — DEUX GRANDS SEAUX en faïence de Marseille, décor à personnages
dans des paysages, avec anses à têtes de chimères.

Haut., 30 cent.

9 — DEUX POTICHES avec couvercles en faïence genre Delft polychrome.

Haut., 50 cent.

10 — DEUX POTICHES ancienne porcelaine du Japon, décor à paysages et
arabesques en polychrome rehaussé d'or.

Haut., 21 cent.

11 — Soupière avec couvercle en ancienne porcelaine de l'Inde, décorée de paysages à la pagode, en bleu.

Haut., 20 cent.; larg., 33 cent.

12 — Flacon carré en porcelaine du Japon ; décor polychrome à rehauts d'or.

Haut., 23 cent.

13 — Flacon forme ovoïde, du Japon, décor polychrome à rehauts d'or.

Haut., 23 cent.

14 — Deux petits vases de Delft, décor polychrome à cartels de paysages.

Haut., 20 cent.

15 — Soupière et plateau en ancienne faïence de Saint-Amand, décor violet à fleurs.

Haut., 18 cent.; larg., 33 cent.

16 — Aiguière en faïence de Castel-Durante, décor polychrome.

Haut., 25 cent.

17 — Deux grandes vasques avec socles en faïence moderne, décor flambé, sur socle en velours rouge.

Haut., 1 m. 17 cent.

18 — Deux corbeilles en vannerie : l'une, en forme chapeau jeté sur chevalet ; l'autre, à trois compartiments avec anses enlacées.

1r. Haut., 1 m. 40 cent.
2r. Haut., 1 m. 30 cent.

19 — Tapis en moquette polychrome, dessin genre persan, à médaillons.

Long., 7 mètres.
Larg., 4 m. 35 cent., sur une partie.
Larg., 3 m. 25 cent., sur l'autre partie.

20 — Deux coussins en cuir de Russie polychrome.

ESCALIER

21 — **Suite de trois magnifiques tapisseries de la Renaissance**, représentant des scènes de l'histoire d'Alexandre, compositions de multitude de personnages, avec larges bordures offrant en haut et en bas des médaillons à petites figures allégoriques de *Mars* et de la *Paix*, des groupes de cariatides de faunes et de satyres tenant des draperies auxquelles sont suspendues des corbeilles de fruits et de fleurs. Les côtés présentent, au milieu de colonnades et de cariatides, des groupes : *l'Enlèvement, le Temps, Flux, Caristia, Senetus.*

La première représente *le Roi et la Reine, accompagnés d'une nombreuse suite, offrant des sacrifices devant le temple d'Apollon.*

Haut., 3 m. 40 cent.; larg., 3 m. 15 cent.

La seconde représente *le Départ du Roi.* La reine, les généraux l'entourent ; on voit au fond ses armées, son fameux cheval Bucéphale et la flotte prête à gagner le large.

Haut., 3 m. 50 cent.; larg., 3 m. 10 cent.

La troisième représente *les Femmes de Darius venant implorer la clémence d'Alexandre.* Au fond, de nombreux cavaliers combattant.

Haut., 3 m. 40 cent.; larg., 3 m. 70 cent.

Ces trois tapisseries sont en parfait état de conservation.

22 — **Deux belles tapisseries du XVIᵉ siècle** représentant : l'une, *Un Châtiment infligé, en présence d'un roi et d'une foule de personnages;* l'autre, *l'Attaque d'un camp par une armée dont le général, à cheval au premier plan, donne les ordres aux autres chefs.* Large bordure à petits médaillons : paysages avec animaux, figures de Flore, l'Amour, Cérès et Hercule couchés, tenant des guirlandes et des grappes de fruits.

La première mesure : Haut., 4 m. 10 cent.; larg., 3 m. 25 cent.
La seconde mesure : Haut., 4 m. 10 cent.; larg., 3 m. 80 cent.

23 — **Tapis d'escalier** en moquette, dessin genre persan, semblable à celui du vestibule, couvrant quarante-huit marches et cinq paliers.

Longueur, environ 32 mètres.

24 — Fauteuil. forme Henri II, en noyer sculpté, couvert de tapisserie à paysage, avec figures.

Haut., 1 mètre; larg., 60 cent.

25 — Jardinière en bois sculpté, offrant sur le devant un bas-relief à écusson, cariatides et arabesques du xvi° siècle, avec cariatides aux extrémités.

Haut , 44 cent.; larg , 2 m. 25 cent.

26 — Grande Aiguière, col élancé, à panse aplatie, élevée sur sa coupe formant bassin, en cuivre finement gravé. dessin : rosaces et inscriptions. Travail d'Orient.

Haut., 1 mètre.

27 — Vase brule-encens avec couvercle en cuivre, dessin repercé et gravé. représentant des médaillons à scènes familières et des arabesques. Travail ancien de Perse.

Haut.. 60 cent.

28 — Deux vases avec couvercles en cuivre finement gravé. décor à scènes de combats et inscriptions. Travail ancien de Perse.

Haut.. 70 cent.

29 — Vase en bronze ancien de Chine. panse mi-sphérique, décoré d'ornements à dessins de grecques et lambrequins. avec anses à anneaux mobiles.

Haut., 60 cent.

WAUTERS

30 — Scène d'intérieur du XVII° siècle.

Haut. 82 cent.; larg.. 67 cent.

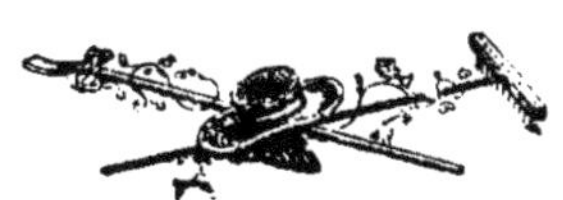

PREMIER ÉTAGE — ANTICHAMBRE

31 — Très beau meuble à deux corps en noyer sculpté, s'ouvrant à quatre portes décorées de personnages mythologiques, avec montants à cariatides sur gaines, fronton à écusson. xvi° siècle.

> Haut., 2 m. 5 cent.; larg., 1 m. 35 cent.

32 — Table en bois sculpté à pieds tors ralliés par un croisillon, s'ouvrant à un tiroir. Style Louis XIII.

> Haut., 78 cent.; larg., 1 m. 23 cent.

33 — Deux fauteuils à dossiers carrés en bois sculpté, couverts de broderie persane multicolore, garnis de franges et passementeries assorties.

> Haut., 1 m. 5 cent.; larg., 65 cent.

34 — Deux tabourets forme X en bois sculpté, couverts de broderie persane bordée de velours, avec franges et passementerie assorties.

> Haut., 54 cent.; larg., 55 cent.

35 — Grande portière formée par une tapisserie du xvii° siècle, représentant une armoirie sur un fond de paysage. Bordure d'aspect architectural, avec bandeaux à cartouches et guirlandes de fruits; côtés à colonnes torses surmontées de chapiteaux.

> Haut., 3 m. 75 cent.; larg., 3 mètres.

36 — Deux appliques à trois lumières en fer forgé, forme rinceaux fleuris se détachant d'une fleur de lis. Style xvi° siècle.

> Haut., 60 cent.

37 — Deux grosses potiches avec couvercles en ancienne porcelaine de Chine, décor à semis de fleurs et de feuillages, avec bordures à lambrequins en bleu sur blanc.

> Haut., 60 cent.

38 — Deux tabourets-supports en bois sculpté de Chine.

39 — Deux plats oblongs en faïence, décor à rocailles polychrome, avec cartels à personnages en bleu, Rouen moderne.

40 — Plat oblong, Rouen moderne, décor polychrome au dragon.

41 — Très joli cabinet vénitien du xviᵉ siècle : posé sur une table dite tréteau s'ouvrant à rabat, garni de nombreux tiroirs à l'intérieur et orné de toutes parts de fines incrustations d'ivoire gravé et de marqueterie de bois, représentant des arcades, des vases de fleurs, des oiseaux, des bustes de personnages et des arabesques.

Haut.. 1 m. 43 cent.; larg.. 90 cent.

42 — Deux plats en faïence italienne, décor à reflets métalliques, sujets et ornements.

43 — Plat oblong de Rouen, décor bleu.

44 — Deux plats de Delft, décor bleu.

45 — Deux compotiers en vieux Japon, décor à paysages en bleu, bordure à jour.

46 — Suite de plats et d'assiettes en faïences et en porcelaines diverses. (Sera divisé.)

47 — Garniture de trois pièces : vase et deux cornets en ancienne porcelaine du Japon, décor à paysages en bleu sur blanc.

48 — Fontaine en porcelaine du Japon, décor polychrome à rehauts d'or.

Haut.. 35 cent.

49 — Vase à quatre faces en ancienne porcelaine de Chine, décor à personnages, bordure et encadrements à carrelages.

Haut., 39 cent.

50 — Soupière en ancienne porcelaine de Chine, décor à paysages fleuris animés de paons.

Haut.. 20 cent.; larg.. 30 cent.

51 — Bol de Kanga, décor rouge et or au dragon.

Diam., 27 cent.

52 — Écritoire en porcelaine, représentant un Magot assis entre deux chimères, décor polychrome.

Haut., 18 cent.; larg., 30 cent.

53 — Deux grands plats en cuivre, décor à bustes de personnages et fruits. Style Louis XIII.

54 — Grand plat rond du Japon, décor polychrome à rehauts d'or.

55 — Compotier en vieux Japon, décor polychrome rehaussé d'or par compartiments.

56 — Deux plats ronds en vieux Japon, décor polychrome à rosaces et ornements.

57 — Deux compotiers en ancienne porcelaine de l'Inde, décorés de gerbes de fleurs et d'armoiries.

58 — Compotier en ancienne porcelaine de Saxe, décor à fleurs et oiseaux, bordure fond rouge rehaussé d'or.

59 — Deux grands plats en vieux Japon, décor à fleurs et branchages en rouge et or.

60 — Quatre compotiers en vieux Japon, décor vases de fleurs, lambrequins et gerbes en bleu, rouge et or.

61 — Deux plats ronds en vieux Japon, décor à paysages et médaillon en forme d'écrans en bleu, rouge et or.

62 — Grand plat rond en vieux Chine, famille rose, décor à paysages fleuris et volatiles.

63 — Deux compotiers de Chine, décor bleu sur blanc.

64 — Assiette en vieux Japon. décor à fleurs, rouge et or, et bandes
bleues.

65 — Tapis couvrant l'antichambre, semblable au précédent.

Long.. 6 m. 30 cent.; larg.. 3 mètres.

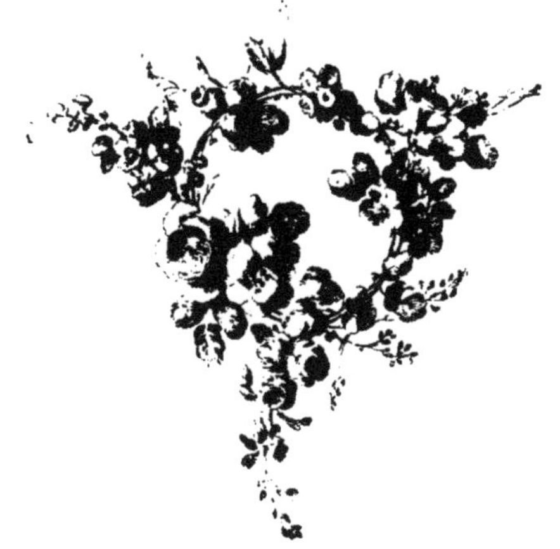

SALLE A MANGER

66 — **Magnifique décoration** en point de Hongrie à fond crème, offrant en broderie polychrome des écussons et des paons au milieu de grandes arabesques de fleurs, comprenant toute une suite de larges bandes faisant le tour de la pièce ; quatre grandes pentes composant une partie de la décoration des croisées, et quatre autres pentes murales bordées de franges et de passementeries assorties de ton aux différentes nuances des broderies.

Le tour de la pièce mesure : Long., 21 mètres ; larg., 75 cent.
Les pentes des croisées mesurent : Haut., 3 m. 75 cent.; larg., 54 cent.
Les pentes murales mesurent : Haut., 1 m. 82 cent.; larg., 54 cent.

67 — **Tenture** complétant la décoration en velours ciselé fond rouge, dessin ton sur ton.

68 — **Deux grands rideaux** relevés à l'italienne, en satin bleu broché, doublés d'étoffe vieil or, garnis de franges bleues, avec passementeries à fil métallique.

Haut., 3 m. 80 cent.; larg., 2 mètres.

69 — **Très beau buffet-dressoir** en noyer sculpté, d'aspect monumental, avec tablette supportée par des consoles en forme de cariatides de femmes, surmonté d'un fronton en retrait représentant deux béliers marins, avec oiseaux aux ailes déployées. De chaque côté se dessinent, en haut-relief, des cariatides sur gaines. Au-dessus, un écusson avec arabesques et lions héraldiques. Le panneau du fond représente des combats d'hommes, de satyres et d'animaux fabuleux dans des arabesques feuillagés. Au milieu ressort un blason. Le bas s'ouvre à deux portes représentant des allégories de l'Automne et de l'Hiver. Les montants de côté sont formés par deux figures de l'Été et du Printemps; et celui du milieu, par une cariatide d'homme. Travail partie du xvi⁰ siècle.

Haut., 2 m. 50 cent.; larg., 1 m. 77 cent.

70 — **Joli dressoir**, de même style, en bois sculpté, avec tablette supportée par des consoles à cariatides de femmes et fronton en retrait, orné de bas-relief représentant des écussons et des animaux dans des arabesques.

Haut., 2 m. 33 cent.; larg., 1 m. 10 cent.

71 — TABLE carrée et à rallonges, élevée sur quatre pieds à pilastres
ralliés par un double croisillon en bois sculpté. Style XVIᵉ siècle.

72 — JOLI MEUBLE en noyer sculpté et marqueterie de bois, d'aspect
architectural, s'ouvrant en bas et en haut, à une porte, orné de cariatides sur les côtés. Une niche au milieu renferme une fontaine
formée d'un dauphin en étain, avec son bassin-coquille élevé sur trois
pieds. XVIᵉ siècle.

Haut., 2 m. 30 cent.; larg., 65 cent.

73 — DOUZE CHAISES en noyer, à dossiers carrés avec pieds à croisillons,
couvertes en velours rouge ciselé, dessin ton sur ton.

74 — JOLI ÉCRAN en bois finement sculpté, montants à colonnettes détachées et cannelées, avec pied formé de groupes d'animaux et fronton
orné d'un casque à visière levée et à enroulements : garni d'un panneau en tapisserie au point et au petit point, de style Louis XIII,
offrant au centre un médaillon allégorique au Triomphe de Flore.

Haut., 1 m. 10 cent.; larg., 94 cent.

75 — TAPIS DE TABLE en soie bleu turquoise, richement brodé d'argent
doré, dessin à gerbes de fleurs enguirlandées de paillettes, bordé de
franges assorties.

Long., 1 m. 85 cent ; larg., 1 m. 75 cent.

76 — QUATRE SUPPORTS en bois sculpté, décorés de guirlandes de fruits
et de fleurs, avec cariatides de dragons en guise d'anses. Style
Renaissance.

Haut., 1 m. 15 cent.

77 — QUATRE VASES STYLE POMPÉIEN, décor avec médaillons au chiffre N
entouré d'une guirlande.

Haut., 46 cent.

78 — BEAU PARAVENT à trois feuilles en point de Hongrie analogue aux
pentes murales, encadré et gainé de velours ciselé rouge, dessin ton
sur ton, et garni de clous de cuivre.

Haut., 1 m. 60 cent.; larg., 1 m. 80 cent.

79 — PARAVENT à trois feuilles, garni de soierie brochée fond orange, dessin lamé d'or, encadré et gainé de satin gros bleu.

Haut., 1 m. 40 cent.; larg., 1 m. 44 cent.

80 — SUSPENSION à une lampe et douze bougies en cuivre poli, **style** Renaissance, de *Gagneau*.

Diam., 90 cent.

81 — JOLIE PETITE TABLE A THÉ en bois de palissandre ciré, orné de cuivre, avec galerie à petits balustres couronnant l'étagère supérieure.

82 — PENDULE de forme dite religieuse, en marqueterie d'écaille, d'étain et de cuivre, style Louis XIII, de *Bellenot*, à Paris ; sur socle en velours.

Hauteur totale, 57 cent.

83 — PAIRE DE LAMPES, formées de vases, en marbre rouge d'Orient : montures en bronze doré de style chinois.

Haut., 56 cent.

84 — DEUX CHENETS en cuivre poli, modèle au dauphin, avec pieds à têtes de lions et anneaux mobiles. Style Louis XIII.

Haut., 66 cent.

85 — PELLE ET PINCETTES en cuivre poli. Style Louis XIII.

86 — AIGUIÈRE en cuivre repoussé, avec anse formée d'un dragon ailé.

87 — PAIRE DE POTICHES en ancienne porcelaine de Chine, avec couvercles, décor à paysages en bleu sur blanc.

88 — DEUX PETITS VASES en faïence de Delft, décor bleu sur blanc.

89 — DEUX FLACONS en vieux Chine, décor bleu sur blanc.

90 — TAPIS semblable aux précédents, couvrant la salle à manger.

Long., 6 mètres; larg., 4 m. 80 cent.

91 — DEUX CHIMÈRES en bronze ancien du Japon, jouant avec des boules.

92 — QUATRE GRANDS PLATS ronds en faïence, décor polychrome, à sujets avec inscriptions hébraïques.

93 — DEUX PLATS ovales en cuivre, décorés de médaillons à portraits historiques, armoiries. fleurs de lis et guirlandes de fruits. Style du XVI° siècle.

94 — SERVICE A DÉJEUNER en faïence anglaise, décor bleu sur blanc, composé d'un grand plateau. une assiette avec cloche, théière, bouilloire, crémier, sucrier. deux bols, six tasses et soucoupes, sur un guéridon tripode en bois noir.

95 — TRÈS BELLE GARNITURE de cinq pièces : trois vases à couvercles et deux cornets en ancienne porcelaine de Chine, décor rare à paysages et fleurs en polychrome rehaussé d'or.

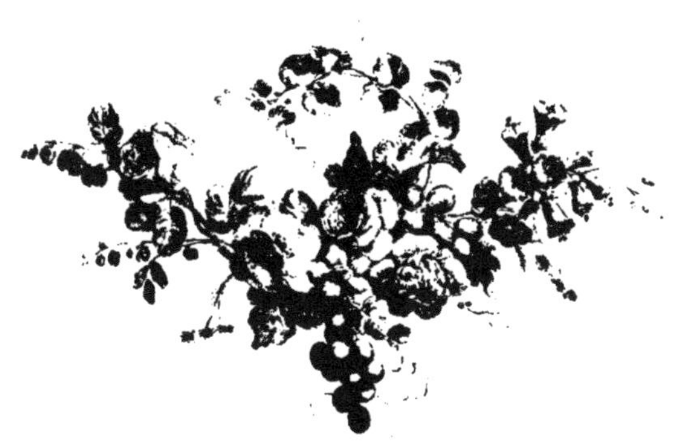

GRAND SALON

96 — Trois magnifiques décorations de croisées, composées chacune :

1° D'une grande tenture en satin rouge, richement brodé de scènes à personnages chinois et de fleurs en soie de toutes nuances ;

2° D'un grand rideau en soie bleu pâle, petit dessin broché ;

3° D'un rideau dit transparent en soierie rose pâle, broché, dessin à arabesques de fleurs ;

4° D'une draperie élégamment jetée sur la galerie, plissée et froncée, en satin bleu, celle de la croisée du milieu brodée à personnages, les deux autres brodées à fleurs et ornements.

Ces différentes pièces de tentures sont garnies de franges et de passementeries de nuances assorties, et relevées par des embrasses et des grandes cordelières de soie multicolore.

Hauteur d'ensemble des croisées : 3 m. 65 cent.
Largeur d'ensemble des croisées : 1 m. 70 cent.

97 — Trois stores de croisées en soie blanche, garnis d'effilés de soie.

98 — Trois belles décorations de portes, composées chacune d'une tenture flottante en satin rouge, brodé de nombreuses scènes à petits personnages chinois en soie de toutes nuances, relevée par des cordelières avec glands assortis, sur une autre tenture flottante et drapée en soie bleu pâle, petit dessin broché, avec draperies en haut en satin vert de Chine brodé, garnies de franges multicolores.

Hauteur d'ensemble par porte : 2 m. 85 cent.
Largeur d'ensemble par porte : 2 m. 60 cent.

99 — Très belle décoration de baie, formée d'une grande portière en satin gros bleu de Chine, offrant, en broderie de soie de toutes couleurs, des rosaces à paysages, fleurs et oiseaux, avec bordure à parterres fleuris et guirlandes, bordé d'une large frange de soie partie encadrée de peluche bleue et tombant sur une pente en peluche de même couleur bordée également de franges multicolores ; relevée par de grandes cordelières avec glands assortis.

Haut., 3 m. 65 cent.; larg., 2 m. 80 cent.

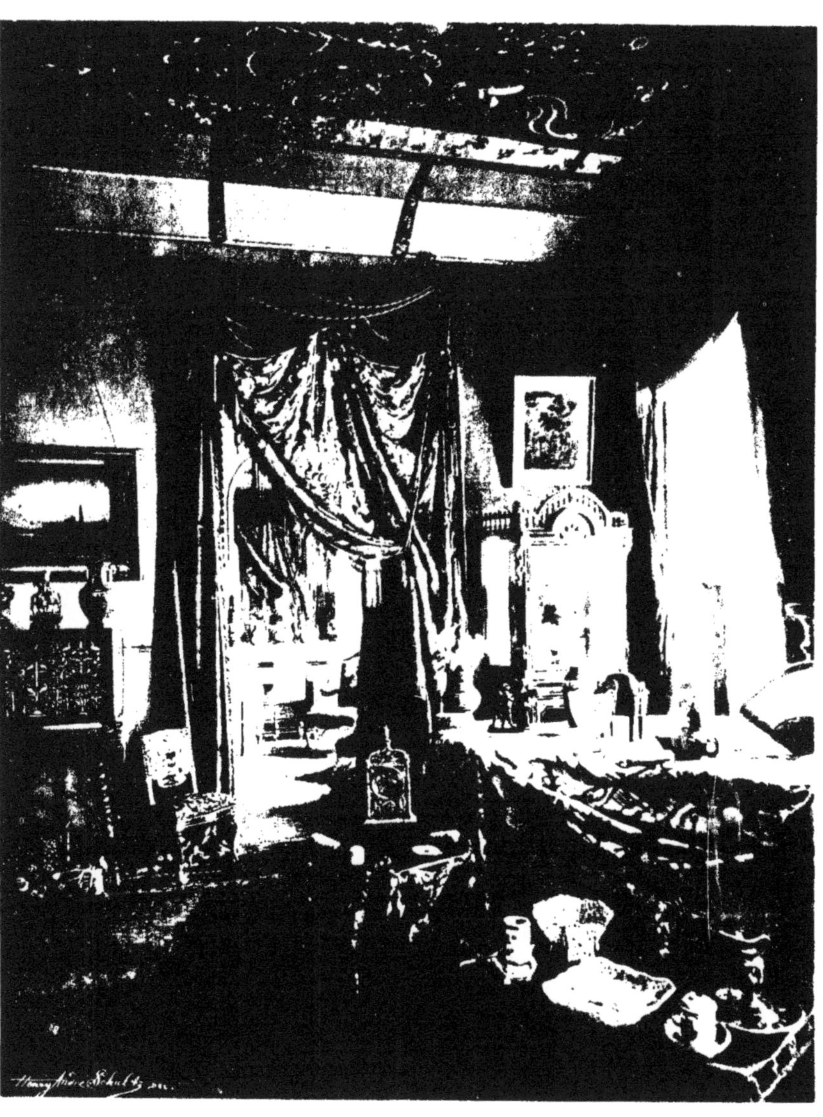

100 — SUPERBE PLAFOND formé par une tenture en satin rouge de Chine richement brodé d'or et de soie, représentant au centre le Dieu de la longévité et une légende. La bordure représente des scènes allégoriques aux fiançailles et au mariage des empereurs du Céleste-Empire. Composition de nombreux petits personnages. Une seconde bordure représente des chimères, des oiseaux de paradis et des branchages fleuris, et l'encadrement en soierie verte est semé de jetées de fleurs brodées. Des bandes en satin de diverses nuances relient le plafond à la corniche.

Cette pièce de tenture est aussi remarquable par la richesse de sa broderie et la finesse du dessin que par son parfait état de conservation.

Long., 5 m. 50 cent.; larg., 4 mètres.

101 — ENCADREMENT DE GLACE en satin rose pâle, brodé de branchages fleuris, de guirlandes et de festons en soie blanche.

Haut., 2 m. 45 cent.

102 — BELLE CHEMINÉE en broderie d'or et de soie, dessin à chimères, éléphants et ornements sur fond de soie gros bleu et bleu turquoise, garnie d'effilés et de galons assortis. Travail chinois.

Haut., 1 m. 10 cent.; larg., 1 m. 65 cent.

103 — JOLI MEUBLE à deux corps, s'ouvrant à portes pleines dans le bas et formant vitrine dans la partie supérieure, tout en bois de palissandre incrusté d'écaille et d'ivoire gravé avec encadrements et moulures guillochés, garni de glaces biseautées; intérieur à fond laqué rouge à rehauts d'or, et couronné par un fronton à balustrade, orné sur les montants d'appliques à figures et coquilles en bronze doré. Style Louis XIII.

Haut., 2 m. 30 cent.; larg., 1 m. 35 cent.

104 — BEAU COFFRE DE MARIAGE en laque noir, richement orné d'incrustations de burgau, dessin à paysages, travail chinois, avec poignées et appliques de serrures en argent gravé. Posé sur une table forme scriban, toute garnie de peluche couleur chaudron garnie de passementeries vieil or.

Hauteur totale, 95 cent.
Largeur totale, 42 cent.
Longueur totale, 68 cent.

105 — **Très beau meuble.** Cabinet hispano-arabe, s'ouvrant à rabat, garni de nombreux tiroirs à l'intérieur ornés d'applications d'ivoire relevés d'or, d'aspect architectural, serrures et appliques de serrures à clochetons en fer découpé à jour et rehaussé de vestiges d'or : posant sur un tréteau à pieds tors et traverse à arcades. XVIe siècle.

Haut., 1 m. 42 cent.; larg., 1 mètre.

106 — **Table** rectangulaire en bois sculpté et rehaussé d'or, avec piétement à éventail formé d'accouplements de cariatides, de chimères et traverse à arcades. Style Renaissance.

Haut., 75 cent.; long., 1 m. 48 cent.; larg., 80 cent.

107 — **Tapis de table** en ancienne broderie d'Orient en fil de soie et métallique bordé de franges.

Long., 1 m. 80 cent.; larg., 1 m. 5 cent.

108 — **Petite table-desserte**, dessus formant plateau, couverte en velours épinglé ancien et bordée de broderies d'argent sur fond de soie bleu pâle, garnie de franges et de clous disposés en rosaces.

Haut., 57 cent.; long., 75 cent.; larg., 40 cent.

109 — **Piano a queue** en palissandre, de *Pleyel*.

110 — **Très belle tenture** formant dessus de piano, en satin crème, richement brodée en haut-relief d'or, dessin à rosaces et arabesques, bordée de franges pompon et doublée de peluche rouge. Travail ancien.

Long., 2 m. 76 cent.; larg., 2 m. 50 cent.

111 — **Guéridon** en bois sculpté et marqueterie de bois, dessin paysage et guirlandes de fleurs. Travail chinois.

Haut., 72 cent.; diam., 60 cent.

112 — **Écran** forme bannière en satin bleu de Chine, richement brodé de fleurs et de palanquins en soie de toutes nuances, bordé d'une frange et relevé par des cordelières assorties. La bannière est portée par un groupe d'acrobates en bois sculpté et rehaussé d'or.

Haut., 1 m. 48 cent.

113 — **Petit divan** en satin rouge, avec draperie en soierie orientale brochée à dessin multicolore, garni de franges.

Haut., 80 cent.; long., 1 m. 48 cent.

114 — **Dos-a-dos** en satin rouge et étoffe analogue au meuble précédent.

Haut., 78 cent.; long., 1 m. 20 cent.

115 — **Deux fauteuils** en soierie bleu pâle brochée à petits dessins, avec tentures en ancienne broderie d'Orient drapées dessus, l'une à fond jaune et l'autre à fond maïs, garnis de franges et passementeries assorties.

Haut., 90 cent.; larg., 66 cent.

116 — **Chaise-ottomane** en velours bleu avec broderie persane ancienne, garnie de passementeries et de chenillés.

Haut., 78 cent.; larg., 53 cent.

117 — **Deux jolies petites chaises** en bois de noyer finement sculpté et rehaussé d'or, couvertes d'ancienne broderie de soie, dessin à fleurs et enroulements sur fond point de Hongrie appliqué sur damas de soie rouge encadré de passementeries et gainées de peluche verte.

Haut., 80 cent.; larg., 40 cent.

118 — **Fauteuil** en soierie brochée, dessin à parterre de fleurs sur fond rouge, avec rampe et bordure en velours vert ciselé et capitonné, garni de torsades et de franges assorties.

Haut., 72 cent.; larg., 66 cent.

119 — **Tabouret de piano** formé par un nègre accroupi, en bois sculpté et rehaussé d'or, dessus en satin brodé de Chine à petits personnages, garni de franges de soie.

Haut., 50 cent.

120 — **Tabouret** faisant pendant au précédent, avec dessus en broderie persane et velours.

Haut., 50 cent.

121 — **Vide-poche** formé par un grand plat en vieux Japon, décor bleu sur blanc, monté sur guéridon oriental, orné d'incrustations de nacre.

Haut., 62 cent.

122 — Coussin en satin jaune brodé de soie et d'argent doré. Travail ancien d'Orient.

Long., 50 cent.; larg., 50 cent.

123 — Grand et beau groupe en marbre : *A la mer*, de d'Épinay, œuvre des plus belles du maître.

Haut., 1 m. 5 cent.

124 — Jolie statuette en marbre : *Bonne Saison*, de Carrier-Belleuse, sur socle en marbre rouge griotte, entouré d'un tore de laurier.

Haut., 60 cent.

125 — Deux jolies statuettes en bronze : *l'Amour* et *l'Innocence*, sur socles en marbre fleuri ; monture en bronze doré, Époque Louis XVI.

Haut., 38 cent.

126 — Paire de belles lampes en émail cloisonné de Chine, fond bleu turquoise à fleurs et rosaces en couleur ; monture en bronze noirci et frotté dans le goût chinois.

Haut., 80 cent.

127 — Grosse potiche avec couvercle en ancienne porcelaine de Chine, décor par compartiments à médaillons : paysages et fleurs en bleu sur blanc.

Haut., 60 cent.

128 — Paire de candélabres formés de vases en émail cloisonné du Japon, à dessin polychrome sur fond vert, montés en bronze noirci et frotté, avec bouquets à dix lumières.

Haut., 90 cent.

129 — Deux supports en bois noir sculpté à jour et rehaussés de filets d'or, dessus en marbre rouge dans le style chinois.

Haut., 75 cent.

130 — Paire de chenets en bronze doré, modèle brûle-parfums et trophées guerriers sur balustrades à draperies, Époque Louis XVI.

Haut., 44 cent.; larg., 42 cent.

131 — Pelle et pincettes en fer, cuivre et bronze.

132 — DEUX BOUTEILLES AVEC PLATEAUX ronds en cuivre gravé et doré. Travail indien.

> Haut.. 34 cent ; diam.; 38 cent.

133 — VASE AVEC COUVERCLE en cuivre gravé et doré de l'Inde, décor à animaux.

> Haut., 22 cent.

134 — VASE AVEC COUVERCLE forme surbaissée, en cuivre gravé et doré de l'Inde, décor à figures, fleurs et ornements.

> Haut., 20 cent.

135 — COUPE AVEC COUVERCLE de Satzuma, décor à fleurs, polychrome et or.

136 — BOITE rectangulaire en ancienne laque de Pékin, décor oiseaux et fleurs.

137 — DEUX PLATS octogones en porcelaine du Japon, décor à personnages dans des paysages, bordures à ornements et polychromes à rehauts d'or.

138 — POTICHE AVEC COUVERCLE en porcelaine du Japon, décorée de médaillons à fleurs, de rosaces et de cachets en polychrome à rehauts d'or.

139 — BRULE-PARFUMS en bronze ancien de Chine, avec couvercle couronné par un dragon, jolie patine.

> Haut., 38 cent.

140 — STATUETTE DE FEMME ASSISE, en marbre, sur socle en bois sculpté. Travail chinois.

> Haut.. 22 cent.

141 — BRULE-PARFUMS en bronze ancien du Japon avec saillies en relief, couvercle en bois sculpté, surmonté d'un petit sujet en ivoire.

> Haut.. 29 cent.

142 — STATUETTE DE FEMME en pierre de lard, sur socle en bois sculpté. Travail ancien de Chine.

> Haut., 22 cent.

143 — **Beau vase** hexagonal en ancien émail cloisonné de Chine, fond bleu turquoise, dessin à fleurs et arabesques en couleur.

Haut., 36 cent.

144 — **Petite bouteille** en émail cloisonné du Japon, fond bleu turquoise et fond blanc, dessin en couleur.

145 — **Statuette équestre** en pierre de lard, sur socle. Travail ancien de Chine.

Haut., 34 cent.

146 — **Statuette de philosophe** en pierre de lard, sur socle. Travail ancien de Chine.

Haut., 28 cent.

147 — **Théière de Satzuma**, décor à personnages ; anse forme dragon.

148 — **Petit magot couché**, en cristal de roche. Travail chinois.

149 — **Beau vase** en ancien émail cloisonné de Chine, fond bleu turquoise, décor à arabesques en couleur ; monture en bronze, patine frottée d'or, formant lampe de Gagneau.

Haut., 90 cent.

150 — **Plateau** en porcelaine de Saxe, sujet Watteau, bordure à jour.

151 — **Bol** en ancienne porcelaine de Chine, décor à personnages dans le goût européen en polychrome.

152 — **Paire d'appliques** à cinq lumières en bronze noirci et frotté, ornées de pampilles. Travail dans le goût chinois.

153 — **Deux glaces d'entredeux de croisées**, avec cadres en bois sculpté, dessin à feuilles de chêne et glands rehaussés d'or.

Haut., 2 m. 45 cent.; larg., 92 cent.

154 — **Deux grands vases** en bronze du Japon, patine brune frottée d'or, offrant en haut-relief des volatiles et des tortues dans des paysages.

Haut., 75 cent.

155 — DEUX SUPPORTS en bois noir sculpté, forme tête d'éléphant. Travail dans le goût chinois.

Haut., 66 cent.

156 — DEUX VASES BRULE-PARFUMS en cuivre finement repercé et gravé, de Perse, décorés de sujets allégoriques et d'arabesques. Travail ancien.

Haut., 43 cent.

157 — DEUX VASES DE SATZUMA décorés de personnages à rehauts d'or, avec gorges fond de couleur, dessin réservé en or.

Haut., 26 cent.

158 — MIROIR en forme d'éventail, monture en émail cloisonné, dessin oiseaux et fleurs, monté sur chevalet. Travail français.

159 — THÉIERE en pierre de lard finement sculptée et ornée de branchages fleuris à jour. Travail chinois.

160 — DIVINITÉ INDIENNE en cuivre poli. Travail ancien.

161 — TASSE à deux anses avec soucoupe et couvercle en ancienne porcelaine de l'Inde, décor fond quadrillé bleu et médaillons à fleurs.

162 — PLATEAU carré en porcelaine de Saxe, décor à scène champêtre, bordure à jour, à fleurs et treillages.

163 — AIGUIERE AVEC PLATEAU en émail de Limoges, décor à médaillons, bustes de personnages en grisaille et en couleur. Style Renaissance.

164 — PORTE-BOUQUET hexagonal sur tortue en Satzuma, décor à fleurs.

165 — CORBEILLE en porcelaine, décor à jour et rehaussé d'or.

166 — COMPOTIER en porcelaine de Worcester, décor médaillons, paysages, bordure bleue à rehauts d'or.

167 — GARNITURE DE TROIS PETITS VASES avec couvercles en ancienne porcelaine de l'Inde, décorés de médaillons à personnages; encadrements à fleurs relevés d'or.

168 — PETITE CHOCOLATIÈRE en ancienne porcelaine de Saxe, décor sujet champêtre.

169 — GROUPE DE TROIS FIGURES DE SAXE : la Toilette de l'Amour.

170 — BOITE A THÉ en porcelaine de Naples, décor à médaillon, sujet mythologique.

171 — TASSE ET SOUCOUPE de Saint-Amand, décor gros bleu, médaillon à portrait de femme. Style Louis XVI.

172 — BOITE rectangulaire en ancienne porcelaine de Nymphemburg, décor amour; monture en cuivre à charnières.

173 — TASSE ET SOUCOUPE de Saint-Amand, décor gros bleu, médaillons à sujets champêtres.

174 — ÉVENTAIL, feuille représentant Moïse sauvé des eaux, peinture de l'école française du temps de Louis XIV ; monture en acier.

175 — PETIT FLACON, forme chien, en vieux Saxe.

176 — PETIT ÉVENTAIL en corne, sculpté et décoré à rehauts d'or. Époque Empire.

177 — GROUPE DE DEUX FIGURES de Cronenburg : allégorie de l'Automne, sur socle en bois doré.

178 — GROUPE DE DEUX FIGURES de Cronenburg, représentant Persée et Andromède.

179 — PETIT GROUPE DE DEUX FIGURES de Furstenberg : la Déclaration.

180 — STATUETTE de Cronenburg : Paysan greffant un arbre.

181 — DIX-SEPT PETITES FIGURINES en porcelaine de Saxe : Amours et Musiciens ; sujets variés.

182 — DEUX GROUPES en biscuit de Clignancourt, sujets à deux personnages : la Cage ouverte et le Duo.

183 — ÉVENTAIL. époque Louis XV, feuille représentant Eliézer et Rébecca ; monture en ivoire, avec médaillon sculpté à sujet champêtre encadré de rocailles à rehauts d'or.

184 — PETIT GROUPE DE DEUX FIGURES : Jardinier et Jardinière. en porcelaine de Cronenburg.

185 — BRACELET-CHAÎNE très large en argent doré, avec miniature : Portrait de femme. Époque Louis XVI.

186 — PAIRE DE BOUCLES D'OREILLES. forme rosace. en stras : monture en argent. Époque Louis XVI.

187 — PAIRE DE PENDANTS D'OREILLES avec pendeloques péridot. entourés de stras : monture argent. Époque Louis XVI.

188 — PAIRE DE GRANDS PENDANTS D'OREILLES en cailloux du Rhin : monture argent. Époque Louis XVI.

189 — CROIX en cristal taillé à biseaux, monture en or émaillé, enrichie de deux perles fines surmontées de petits brillants et montées en pampilles. Style Renaissance.

190 — FLACON en vieux Saxe, décor à fleurs, forme rocaille.

191 — TROIS PENDENTIFS en argent avec peintures. XVIIᵉ siècle.

192 — GRANDE CHATELAINE en argent doré et ciselé. avec breloques. Style Louis XV.

193 — PETITE MONTRE en or guilloché avec entourage de demi-perles. Époque Louis XVI.

194 — CHATELAINE avec miniature ; monture en argent et vermeil enrichie de demi-perles.

195 — MÉDAILLON PENDANT DE COU. fond émaillé, avec ornements en relief et pierreries, enrichi d'un entourage de perles. Époque Louis XVI.

196 — Chaîne de cou avec croix en argent, ornée de pierreries. Époque Louis XIII.

197 — Agrafe de manteau en argent repercé. Époque Louis XVI.

198 — Petit poisson en argent ancien.

199 — Boucle en stras, monture en argent. Époque Louis XVI.

200 — Chatelaine en argent artistique, enrichie de grenats et de turquoises. Travail de Rudolphi.

201 — Porte-bouquet en argent, dessin à rocailles.

202 — Boîtier de montre en argent repoussé, décoré d'un médaillon à sujet allégorique encadré de rocailles. Époque Louis XV.

203 — Deux reliques égyptiennes, décorées de légendes.

204 — Grande jardinière hexagonale en porcelaine du Japon, décor en bleu sur blanc.

Haut., 40 cent.; diam., 54 cent.

205 — Très beau tapis de Smyrne en haute laine, fond rouge, à grand médaillon au centre, fond vert, dessin polychrome avec bordure et parterre d'angle à petit dessin sur fond bleu.

Long., 7 m. 35 cent.; larg., 5 m. 10 cent.

GALLARD-LÉPINAY

206 — **Bords de l'Adriatique, près de Venise.**

Œuvre des plus belles de l'artiste.

Toile. Haut., 43 cent.; larg., 74 cent.

ÉCOLE HOLLANDAISE

207 — **Scène d'intérieur.**

Bois. Haut., 62 cent.; larg., 84 cent.

WOUWERMANS

208 — **La Halte**.

209 — **Le Bivouac**.

Deux charmants tableaux, compositions de nombreux personnages, cavaliers, paysans et paysannes, d'un coloris des plus agréables.

Bois. Haut : 33 cent.; larg.. 40 cent.

BREUGHEL

210 — **Paysage boisé arrosé par un canal**.

Animé de figures et de bateaux, avec village en perspective.

Signé à droite.

Cuivre. Haut : 35 cent.; larg , 40 cent.

DEUXIÈME SALON

211 — Deux très belles décorations de croisées. La première est
composée :

D'une grande portière en broderie ancienne portugaise, en soie de
toutes nuances sur fond piqué blanc, offrant au centre une armoirie,
et, autour, des petits personnages, des cavaliers, des fleurs et des animaux ; bordée d'une frange doublée de vieux rose, avec bordure en
haut et en bas en panne bleu paon. De l'autre côté, tombe une large
pente en panne bleu paon avec rideau transparent en damas broché
rouge rubis ; le tout couronné par une draperie élégamment relevée
et garnie de franges et de passementeries multicolores, cordelières et
glands assortis.

La seconde est composée :

D'une grande portière en broderie ancienne portugaise, dessin à
armoiries, cavaliers et arabesques de fleurs sur fond fil de lin ; bordée,
en haut et en bas, de panne bleu paon, et garnie de franges jaunes ; la
pente et le transparent, ainsi que la draperie, sont semblables à ceux
de la croisée précédente.

1re Portière. Haut., 3 m. 60 cent.

1re Portière. Larg., 1 m. 70 cent.

Pente. Larg., 67 cent.

2 Portière. Larg., 1 m. 82 cent.

Pente. Larg., 67 cent

212 — Magnifique tenture formant décoration de baie, tout en broderie
multicolore, travail ancien portugais, représentant une grande armoirie
encadrée de guirlandes de fleurs et de feuillages, au milieu desquels
voltigent des oiseaux, avec inscription dans le bas :

MARIA FRAFESNAERADE 1735.

Encadrée de panne bleu paon, relevée en portière par une cordelière
avec gros glands assortis aux passementeries multicolores.

Haut., 3 m. 60 cent.; larg., 2 m. 78 cent.

213 — Très beau panneau de tenture murale en ancien point de
Hongrie, dessin représentant au centre un aigle à deux têtes perché

sur des branchages fleuris, et, tout autour, des grandes arabesques de
fleurs lobées, avec bordure dans le même goût, au milieu desquelles on
voit des chimères, des oiseaux et des lièvres. XVIIe siècle.

Haut., 2 m. 40 cent.; larg., 4 m. 67 cent.

214 — DRAPERIE FLOTTANTE formée d'un grand tapis en broderie d'Orient,
dessin à gerbes et fleurs sur fond de fil, encadrée d'une frange métallique.

215 — ÉCHARPE formant encadrement de tableau en étoffe de l'Inde, fond
rouge tissé d'or.

216 — TABLETTE DE CHEMINÉE en peluche rouge, avec joli bandeau en
ancien point de Hongrie, dessin animaux, volatiles et arabesques de
fleurs. XVIIe siècle.

Bandeau. Long., 2 m. 10 cent.; larg., 40 cent.

217 — TRÈS BEAU MEUBLE. Cabinet portugais d'aspect architectural, du
XVIIe siècle, en bois de palissandre richement décoré d'incrustations
d'écaille de l'Inde et d'ivoire. Le portail du milieu, avec groupe d'appliques en bronze doré au centre et colonnettes surmontées de chapiteaux, présente une réserve à dix tiroirs. Le fronton est orné d'une
glace gravée avec encadrement garni de figurines et de sujets allégoriques. Le dessus du meuble est couronné par une balustrade en
cuivre; il pose sur un tréteau recouvert d'un tapis en ancien velours
de Gènes, dessin à fleurs en rouge ton sur ton, garni d'une frange
rouge et or.

Haut., 2 m. 10 cent.; larg., 1 m. 25 cent.

218 — BELLE TABLE en bois sculpté et doré, à quatre pieds formés de
cariatides ralliées par un croisillon avec brûle-parfums au centre;
offrant, autour du bandeau, des mascarons, des coquilles et des enroulements feuillagés; couverte d'ancien velours de Gènes, dessin à fleurs,
rouge ton sur ton. Époque Louis XIV.

Haut., 80 cent.; long., 1 m. 25 cent.; larg., 60 cent.

219 — JOLIE CONSOLE en bois sculpté et doré, supportée par deux cariatides
se perdant dans un enroulement et ralliées à un mascaron. Le devant

présente un cartouche à tête de satyre et des rinceaux feuillagés à
jour. Travail du temps de la Régence, exécuté d'après les cartons
de Bérain. Dessus en marbre fleuri, suivant les contours de la console.

> Haut., 80 cent.; larg., 1 m. 10 cent.; prof., 58 cent.

220 — BEAU MEUBLE. Cabinet hispano-arabe tout en marqueterie de bois
et d'ivoire, dessin très fin à rosaces, avec garnitures, poignées et
appliques en cuivre découpé et doré. Travail ancien.

> Haut., 1 m. 38 cent ; larg., 1 mètro.

221 — PARAVENT à quatre feuilles en bois doré, garni de soierie ancienne
vieux rose, broché à guirlandes de fleurs et festons cannetillés.

> Haut., 1 m. 8 cent; larg., 1 m. 52 cent.

222 — PETITE TABLE rectangulaire avec tablettes d'entrejambes, couverte
en velours frappé rouge, dessus en soierie ancienne fond blanc broché
à fleurs.

> Haut., 72 cent.; larg., 80 cent ; prof., 48 cent.

223 — JOLI PETIT TAPIS DE TABLE en soie rouge, recouvert d'un parterre de
fleurs et de feuillages en soie brodée et découpée, garni d'une frange
de soie rouge. XVIIe siècle.

> Long., 90 cent.; larg., 87 cent.

224 — GUÉRIDON hexagonal couvert en velours frappé péridot, garni de
passementeries multicolores, avec sac vide-poche sur chaque face.
Travail de broderie ancienne en soie et argent doré.

> Haut., 72 cent.; diam., 60 cent.

225 — PETITE TABLE avec tablettes d'entrejambes, couverte en velours
gris ardoise, garnie de franges et de passementeries rouges et
jaunes.

> Haut., 65 cent.; larg., 50 cent.

226 — GUÉRIDON-SUPPORT formé par une statuette d'enfant en bois sculpté,
partie rehaussée d'or.

> Haut., 80 cent.

227 — PETIT TAPIS en satin vert de Chine, richement brodé de fleurs,
de chauves-souris en soie multicolore, garni de franges assorties.

228 — Vide-poche en broderie ancienne d'Orient, supporté par trois bâtons en faisceau, garni de peluche rouge et de passementeries.

Haut., 68 cent.

229 — Divan d'angle couvert d'une tenture en broderie de soie à fleurs sur fond de fil de lin. Travail ancien portugais.

230 — Grand et beau coussin long, en velours vert, très richement brodé de paons aux ailes et plumage diaprés d'or, de grandes fleurs et de feuillages en or et soie de toutes nuances; gainé de peluche rouge.

Long., 1 m. 30 cent.; larg., 40 cent.

231 — Beau coussin en satin crème, couvert de jolies broderies d'or, d'argent et de soie. Travail ancien. Gainé d'ancien damas de soie jaune.

Long., 1 mètre; larg., 38 cent.

232 — Coussin carré en ancienne broderie d'argent, sur fond de satin bleu.

Long., 55 cent.

233 — Coussin carré en peluche rouge couvert de dentelle d'or et d'argent ancienne.

Larg., 45 cent.

234 — Grand coussin carré en soie verte, richement brodé de fleurs et de branchages en argent et en soie de toutes nuances.

Larg., 64 cent.

235 — Beau fauteuil en velours ciselé gris ardoise, recouvert de superbes broderies anciennes, toutes de soie et d'argent doré, dessin à fleurs et grands ramages; garni de franges et de passementeries assorties.

Haut., 90 cent.; larg., 70 cent.

236 — Grand et beau fauteuil en satin crème, orné de riches broderies d'argent et de soie appliquées, dessin à grands branchages fleuris avec oiseaux. Travail ancien.

Haut., 92 cent.; larg., 67 cent.

237 — JOLI FAUTEUIL en bois sculpté et doré, dessin à fleurs et rocailles, couvert de tapisserie de Beauvais, représentant au dossier le fumeur d'opium et sur le siége une allégorie à une fable de La Fontaine, richement encadré de fleurs et d'ornements. Époque Régence.

Haut., 1 mètre; larg., 70 cent.

238 — CHAISE-OTTOMANE couverte en broderie de Perse, dessin à fleurs et bandes sur fond rouge, avec passementeries et glands assortis, gainée de peluche couleur chaudron.

Haut., 78 cent.; larg., 52 cent.

239 — POUF en velours ciselé fond rubis, recouvert d'un tapis en ancienne broderie d'or et d'argent. Travail oriental. Garni de franges et de glands assortis.

Diam., 1 m. 15 cent.

240 — TABOURET formé par une figure de nègre en bois sculpté, couvert en broderie persane polychrome.

Haut., 50 cent.

241 — DEUX GRANDES ET BELLES BOUTEILLES en ancien émail cloisonné de Chine, fond bleu turquoise, dessin en couleur avec dragons en cuivre doré s'enroulant autour de la gorge.

Haut., 52 cent.

242 — GLACE D'ENTREDEUX DE CROISÉE avec cadre en bois sculpté et doré, dessin à guirlandes de fleurs avec vase au fronton. Époque Louis XVI.

Haut., 1 m. 60 cent.; larg., 72 cent.

243 — PETITE CHAISE PLIANTE en bambou, couverte d'une bande de broderie avec cordelières et glands assortis.

244 — PETIT ÉCRAN en bois d'amarante orné de cuivre, encadrement perlé avec panneau en soierie ancienne brochée à fleurs. Époque Louis XVI.

245 — DEUX SUPPORTS en peluche gris souris, garnis de franges et de passementeries polychromes.

Haut., 76 cent.

246 — BELLE GARNITURE DE CHEMINÉE composée d'une pendule en bronze finement ciselé et doré, représentant *l'Amour à l'Oiseau de Pigalle*, patine noire ; sur le mouvement s'élève un brûle-parfums enguirlandé de lauriers. Le socle en marbre blanc est orné d'un bas-relief : les Amours musiciens, et d'enroulements en bronze doré. Deux candélabres formés de statuettes de vestales, de *Marin*, bronzes à patine noire, portant des vases ornés de bas-reliefs, sujets mythologiques, surmontés de bouquets à trois lumières en bronze doré. Avec socles à marbre blanc sur embases ornés d'un tore de laurier. Époque Louis XVI.

Pendule Haut., 52 cent.; larg.. 44 cent.
Candélabres. Haut., 77 cent.; larg.. 1ᵉ cent.

247 — DEUX JOLIS VASES forme lobée, en ancienne porcelaine de l'Inde, décor à médaillons représentant des scènes familières à petits personnages sur chaque face encadrés de rinceaux à rehauts d'or. La gorge est ornée de guirlandes de fleurs et de fruits en relief. Le pied est décoré de carrelages.

Haut.. 30 cent.

248 — PAIRE DE CHENETS en bronze doré, modèle balustrades surmontées de pommes à côtes tournantes en bronze doré. Époque Louis XVI.

Larg., 26 cent.

249 — DEUX BELLES JARDINIÈRES en bronze ancien. patine frottée d'or rouge avec frises bronzées et gravées. ornées d'appliques en émail cloisonné et offrant sur certaines parties des inscriptions gravées. Travail ancien de Chine et rare.

Haut.. 28 cent.; diam.. 30 cent.

250 — STATUETTE en ancien blanc de Chine représentant un personnage courant sur un dauphin.

Haut.. 37 cent.

251 — PETIT GROUPE composé de deux figurines et une chimère en bronze, l'une patine noire et deux rehaussé d'or, sur socle en bois sculpté avec arbre au-dessus. Travail ancien de Chine.

Haut.. 24 cent.

252 — BRULE-PARFUMS en ancien émail cloisonné de Chine. fond bleu turquoise. dessin en couleur avec socle et couvercle en bois de fer sculpté.

Haut., 16 cent.

253 — Petit brule-parfums en bronze ancien de Chine, forme hexagonale, patine jaune avec cachet en bas-relief. Socle et couvercle en bois
sculpté à jour.

Haut., 18 cent.

254 — Jolie petite pendule dite de *Nuremberg*, forme monumentale à
quatre faces, en bronze finement ciselé et gravé, à cadran multiple sur
les deux côtés principaux, avec couronnement finement repercé, représentant des sujets de chasse et petite figurine élevés sur chapiteaux
dominant la coupole. Le socle est décoré d'un bas-relief représentant
un cortége triomphal des dieux de la mythologie.

Haut., 33 cent.

255 — Deux paires de castagnettes en ivoire finement sculpté à jour.
Travail chinois.

256 — Petite boîte en ivoire sculpté à jour. Travail chinois.

257 — Très beau vase quadrangulaire, forme élancée, en ancien émail
cloisonné de Chine, dessin grec en polychrome, avec saillies en relief,
pied en bronze noirci et frotté. de style chinois.

Haut., 58 cent.

258 — Petit groupe en bronze : Trois enfants musiciens : socle en marbre
blanc.

Haut., 24 cent.

259 — Aiguiere avec bassin en porcelaine de Berlin. décor à fleurs.

260 — Écuelle avec couvercle et plateau en porcelaine d'Allemagne.
décorés de médaillons à volatiles.

261 — Paire de vases en porcelaine de Canton, décor à personnages et
fleurs avec figurines sur les couvercles et en guise d'anses. décor polychrome, montés sur socles en bronze doré. Louis XVI.

Haut., 50 cent.; larg.. 20 cent.

262 — Petit plateau de Worcester, décor médaillon : paysages. bordure
gros bleu à rehauts d'or.

263 — GROUPE DE BUSTES, en bronze : *Baisers*, de *Houdon*, patine rouge.
sur fûts de colonnettes en marbre blanc cannelé.

Haut., 25 cent.

264 — COUPE A SACRIFICE en corne, finement sculptée, décorée de paysages
en bas-relief. Travail ancien de Chine.

265 — DEUX PETITS FLAMBEAUX VÉNITIENS à fuseaux triangulaires, avec
pieds à feuillages gravés, XVII° siècle.

266 — BEAU VASE en ancien émail cloisonné de Chine, fond bleu turquoise.
décor à arabesques en couleur, orné d'anses à anneaux mobiles : monture en bronze frotté vieux ton d'or et formant lampe de Gagneau.

Haut., 56 cent.

267 — TÊTE-A-TÊTE composé d'un grand plateau, une théière, un sucrier.
un pot à crème et deux tasses avec soucoupes, en faïence de Marseille
décorée de médaillons Watteau au milieu de rocailles.

268 — CANDÉLABRE formé par un vase en ancienne porcelaine de Vienne.
décor à fleurs avec anses à têtes de béliers; monture en bronze doré;
bouquet à six lumières.

Haut., 66 cent.

269-270 — DEUX CACHE-POTS en porcelaine d'Allemagne, décor à fleurs.
anses à mascarons.

Haut., 18 cent.

271 — SEPT TASSES en porcelaine de Saxe, forme lobée, avec soucoupes.
décor varié à sujets Watteau à fond d'or et de différentes nuances.

272 — BEAU BRULE-PARFUMS en bronze ancien du Japon, porté par un
personnage assis; patine noire.

Haut., 48 cent.

273 — PRESSE-PAPIER en cristal de roche formé par une chimère sculptée
et prise dans la masse. Travail chinois.

274 — CHIMÈRE en cristal de roche sur socle carré, le tout pris dans la
masse. Travail chinois.

275 — Porte-bouquets en verre de Venise ancien, forme quadrupède.

276 — Porte-fleurs en cristal gravé dans le style XVIe siècle, dessin à armoiries et arabesques, avec anses en bronze patiné au vieux ton d'or, représentant un dragon.

277 — Tapis de Smyrne fond rouge, avec médaillon fond vert au centre et bordure à petits dessins multicolores.

Long., 4 m. 87 cent.: larg., 5 mètres.

ANGELY

278 — Portrait de femme blonde.

En costume Moyen-Age, parée de joyaux et coiffée d'un grand chapeau à plumes.

Toile ovale. Haut., 66 cent.; larg., 50 cent.

ANGELY

279 — Portrait de femme brune.

En robe à collerette, coiffée d'un grand chapeau à plume rouge, style Moyen-Age.

Toile ovale. Haut., 66 cent.; larg., 50 cent.

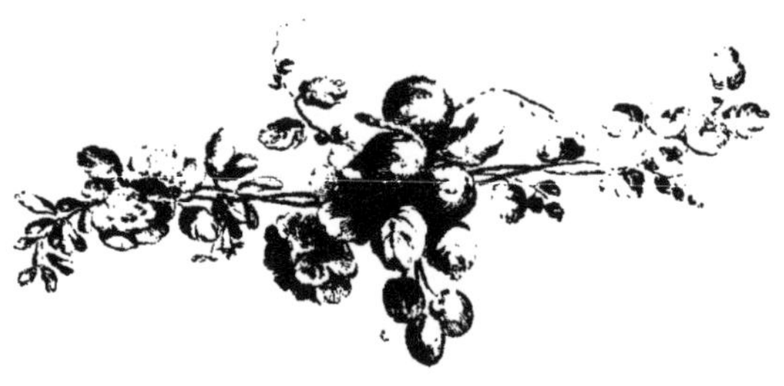

DEUXIÈME ÉTAGE — ANTICHAMBRE

280 — BANQUETTE formant coffre en bois sculpté, offrant au dossier et sur
le devant des écussons, des amours, des griffons et des arabesques en
bas-relief, avec accotoirs à cariatides de chimères ; dessus couvert de
tapisserie verdure. Travail partie XVIᵉ siècle.

Haut., 1 m. 10 cent.; larg., 1 m. 48 cent.

281 — ARMOIRE NORMANDE en bois sculpté, s'ouvrant à deux portes, avec
fronton à corbeille et à gerbes de fleurs. Époque Louis XVI.

Haut., 2 m. 60 cent.; larg., 1 m. 55 cent.

282 — TENTURE MURALE. Décoration de croisée et six décorations de portes
en tissu velouté genre oriental, relevées par de grandes cordelières
avec glands et garnies de franges assorties.

Rideaux de croisées et décoration d'une porte. Haut., 3 m. 27 cent.: larg., 1 m. 80 cent.
Cinq portières. Haut., 2 m. 77 cent.: larg., 1 m. 90 cent.

283 — TRÈS BELLE ARMOIRE en bois sculpté, s'ouvrant à deux portes garnies de glaces, décorée de corbeilles de fleurs, de bouquets et de
guirlandes en bas-relief. L'intérieur tout garni d'étoffe rouge, à quatre
tablettes, avec rangées de tiroirs en bois sculpté. Époque Louis XV.

Haut., 2 m. 42 cent ; larg., 1 m. 45 cent.

284 — TROIS CHAISES en bois sculpté, dessin à coquilles et feuillages foncés, de canne dorée. Époque Louis XIV.

Haut., 92 cent.; larg., 48 cent.

285 — QUATRE CONSOLES-SUPPORTS à cariatides de satyres, en bois noir
rehaussé d'or.

286 — GRANDE AIGUIÈRE en terre émaillée, anses à serpents.

287 — DEUX AIGUIÈRES en terre émaillée, avec décor en bas-relief, anses à
serpents.

288 — **Grande cassolette** en faïence de Nove, avec couvercle, décor à fleurs.

289 — **Paire de vases** côtelés avec couvercles, en faïence de Nove, décor à fleurs.

290 — **Grand plat** en cuivre repoussé, bordure à guirlandes de fruits.

291 — **Plat ovale** en cuivre repoussé avec armoirie au centre, ornements et coquilles sur le bord.

292 — **Deux bannettes, deux compotiers et un plat,** en faïence moderne, genre Rouen polychrome. Sera divisé.)

293 — **Fontaine d'applique** en faïence moderne, genre Marseille, décor à sujet rustique et armorié.

294 — **Jardinière** ovale en porcelaine décorée aux armes de France, en polychrome à rehauts d'or.

295 — **Deux jardinières** hexagonales, même facture.

296 — **Deux plats** de Delft, décor bleu.

297 — **Deux assiettes** terre de pipe, décor à personnages.

298 — **Six petits compotiers** de Chine, décor varié.

299 — **Quatre compotiers** du Japon et de Chine, décor varié.

300 — **Tapis** en moquette, semblable à celui de l'escalier.

Long., 6 mètres; larg., 3 m. 10 cent.

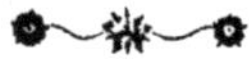

BOUDOIR

301 — DEUX JOLIES DÉCORATIONS DE CROISÉES, composées chacune d'un grand rideau de cachemire bleu turquoise, avec bordure richement brodée d'argent doré, travail de l'Inde. Une pente avec draperie en soierie crème tissée d'or, dessin à semis d'arabesques de l'Inde, avec embrasses et cordelières assorties.

> Rideau cachemire. Haut., 3 m. 60 cent.; larg.. 1 m. 65 cent.
> Pente tissée d'or. Haut., 4 m. 40 cent.; larg.. 70 cent.

302 — BELLE PORTIÈRE en cachemire de l'Inde, fond bleu turquoise, richement brodée d'argent doré.

> Haut., 2 m. 70 cent.; larg.. 1 m. 72 cent.

303 — DÉCORATION DE PORTE, composée d'un grand cachemire de l'Inde fond rouge, richement brodé d'argent doré.

> Haut., 3 m. 50 cent.; larg.. 1 m. 50 cent.

304 — DEUX RIDEAUX avec embrasses en ancienne guipure au filet.

> Haut.. 3 m. 40 cent.; larg.. 1 m. 20 cent.

305 — JOLI MEUBLE à deux corps en noyer sculpté, s'ouvrant à quatre portes, représentant des médaillons à sujets allégoriques aux Saisons et des ornements. La partie supérieure est ornée de colonnettes; le fronton, d'un cartouche à mascarons; XVIᵉ siècle. Posé sur socle couvert en velours rouge.

> Hauteur totale, 1 m. 90 cent.; larg.. 1 m 14 cent.

306 — JOLIE PETITE TABLE à tablette pour écrire, en bois de violette, ornée de consoles et de sabots en bronze doré, avec moulures de cuivre tout autour. Époque Louis XV.

> Haut., 72 cent.; larg., 52 cent.

307 — JARDINIÈRE en porcelaine de Chine, décor bleu à fleurs, sur support en bambou.

> Hauteur totale, 92 cent.

308 — Pᴇᴛɪᴛᴇ ᴛᴀʙʟᴇ à tablettes pliantes en bois d'ébène incrusté de filets d'ivoire, avec moulures en bronze nickelé.

Haut., 76 cent.; larg., 60 cent.

309 — Pᴇᴛɪᴛᴇ ᴛᴀʙʟᴇ avec tablette et entrejambes, recouverte en peluche vieil or et application d'étoffe brochée.

Haut , 70 cent.; larg., 63 cent.

310 — Jᴏʟɪ ᴘᴇᴛɪᴛ ʙᴜʀᴇᴀᴜ forme rococo en bois de luxe et marqueterie de bois naturel, décor à trophées champêtres et armoiries de France, garni de bronzes dorés. Époque Louis XV.

Haut., 75 cent.; larg., 60 cent.

311 — Tᴀʙʟᴇ rectangulaire avec tablette d'entrejambes recouverte de jolies broderies anciennes à fleurs en argent doré et soie, garnie de passementeries assorties.

Haut., 74 cent.; larg., 75 cent.

312 — Dᴇᴜx ᴄᴏʟᴏɴɴᴇs rondes couvertes en peluche chaudron.

Haut., 1 m. 25 cent.

313 — Lɪᴛ ᴅᴇ ʀᴇᴘᴏs recouvert d'une belle tenture de peluche orientale au ton blanc d'argent, orné de broderies à ornements, fleurs et oiseaux, garni de franges assorties.

Haut., 40 cent.; long., 2 m. 15 cent.; larg., 90 cent.

314 — Cᴏᴜssɪɴ long couvert en ancienne broderie d'Orient sur fond de satin saumon, garnie de franges de soie, gainé de peluche rouge.

Long., 1 mètre; larg., 47 cent.

315 — Cᴏᴜssɪɴ long en ancienne broderie d'Orient d'argent doré sur fond bleu turquoise, encadré de dentelle d'argent et doublé de peluche rouge, avec crevés en panne mordoré.

Long., 1 mètre; larg., 38 cent.

316 — Tʀᴏɪs ғᴀᴜᴛᴇᴜɪʟs en bois sculpté foncé de canne, doré, avec coussins en broderie d'argent sur fond de soie blanche. Époque Louis XV.

Haut., 95 cent.; larg., 64 cent.

317 — Deux potiches de Saxe moderne, décor à médaillons champêtres et fleurs.

318 — Seau en porcelaine décorée au blason de France, en polychrome à rehauts d'or.

319 — Vase de forme surbaissée en argent repoussé, décor à guirlandes de fleurs, orné de deux anses. Époque Louis XIV.

Haut., 17 cent.

320 — Écuelle ovale en argent repoussé, décor à arabesques, avec anses plates repercées. Époque Louis XIII.

321 — Seau en vieux Chine, décor bleu à médaillon, avec monture en bronze Louis XIV.

322 — Jolie pendule en bronze doré, représentant une allégorie de l'Automne, un petit vendangeur vide sa hotte dans le pressoir, un autre boit à même la fontaine. Sur socle en velours. Époque Louis XVI.

Haut., 45 cent.; larg., 38 cent.

323 — Paire de candélabres à deux lumières, formés par des figurines d'amours en bronze, partie doré. Époque Louis XVI.

Haut., 35 cent.

324 — Deux vases de Saxe, avec couvercles, fond jaune, médaillons scènes enfantines en camaïeu rouge.

Haut., 30 cent.

325 — Petite pendule : Sujet de sport, en argent, de *Thomas*, de Londres.

326 — Petit plat ovale en argent repoussé, représentant, au centre : l'Amour à la coquille, et, sur le bord, des arabesques et des coquilles. Époque Louis XIV.

327 — Petit tapis de table en broderie d'Orient à fleurs, sur fond de cachemire écru.

328 — Cheminée ornée d'un bandeau en broderie d'argent sur fond de soie crème, semblable aux coussins des trois fauteuils précédemment décrits.

329 — Devant de feu en bronze, modèle vase à guirlandes, sur balustrade cintrée de style Louis XVI.

330 — Deux glaces avec cadres en bois sculpté et doré. Époque Louis XV.

331 -- Lustre forme de lampe juive, en cuivre poli.

332 — Boîte a musique de Brémond, de Genève, jouant huit airs : caisse en chêne ornée de bronze.

333 — Tapis en moquette, semblable à celui de l'antichambre.

Long., 5 mètres; larg., 3 mètres.

TCHOUMAKOFF

334 — Tête de jeune femme russe.

Toile. Haut., 48 cent.: larg., 30 cent.

AUBERT

335 — Paysage; environs de ferme.

Deux pendants.

Bois. Haut., 17 cent.; larg., 21 cent.

TÉNIERS

Attribué à DAVID.

336 — Intérieur de cabaret.

Signé dans le bas.

Bois. Haut., 26 cent.: larg., 37 cent.

ROSSI

D'après.

337 — Deux fac-similés en couleur.

Avec encadrements de style Louis XV.

ROSSI

D'après

338 — La Vieillesse d'un prince.

Gravure.

SALLE DE BAINS

339 — Jolie toilette de style oriental, décor polychrome à rehauts d'or avec dessus et tablettes en marbre blanc, décorée par Godon.

Haut., 80 cent.; larg., 1 m. 70 cent ; prof., 65 cent.

340 — Glace rectangulaire avec cadre recouvert en étoffe orientale.

341 — Petite table forme trèfle, en bois décoré dans le style japonais, pieds bambou.

342 — Fauteuil et chaise en bois sculpté, dessin à coquilles et feuillages foncés de canne dorée. Époque Louis XIV.

CABINET DE TOILETTE

343 — TRÈS JOLI BUREAU plat, s'ouvrant à deux tiroirs, avec tablettes sur les côtés en bois rose et marqueterie de bois, dessin grecques, orné de bronzes dorés du temps de Louis XVI. Ce bureau sert de table de toilette.

Haut., 74 cent.; larg., 1 m. 35 cent.

344 — JOLI BUREAU en bois de violette et bois rose satiné, garni de bronzes polis, montants à cariatides, écoinçons à écussons et moulures à coquilles. Époque Régence.

Haut., 74 cent.; larg., 1 m. 10 cent.

345 — TABLE A JEU en marqueterie genre de Boule ornée de bronzes.

346 — BEAU SECRÉTAIRE en bois rose et filets de marqueterie, dessin à gerbes de fleurs sur les rabats et sur les battants, ornée de bronzes dorés; dessus en marbre brocatelle. Époque Louis XVI.

Haut., 1 m. 27 cent.; larg., 92 cent.

347 — DIVAN forme basse, recouvert de tentures velours du Caucase, fond rouge à dessin polychrome.

Long., 2 m. 10 cent.; larg., 1 mètre.

348 — COUSSIN carré en broderie orientale sur fond de peluche rouge, avec glands et cordelières polychromes.

Larg., 60 cent.

349 — COUSSIN long dans le même goût.

Long., 65 cent.; larg., 34 cent.

350 — JOLIE PENDULE forme de temple, en marbre blanc, richement ornée de draperies, de guirlandes et de feuillages en bronze doré. Époque Louis XVI.

Haut., 65 cent.

351 — FAUTEUIL ET DEUX CHAISES en bois sculpté, dossiers en forme de lyre avec dessus à coussins en soierie rayée et brochée. Époque Louis XVI.

352 — COMMODE LOUIS XIV en bois de luxe, avec poignées et garniture en bronze doré.

353 — PETIT BUREAU en bois de palissandre, avec rangées de tiroirs de chaque côté, orné de bronze doré. Époque Louis XIV.

Haut., 80 cent.; larg., 90 cent.

354 — ARMOIRE à trois portes, garnie de glaces biseautées en bois laqué blanc à filets verts avec colonnes détachées, fronton à festons de rubans. Style Louis XVI.

355 — CHIFFONNIER en bois laqué blanc, à filets verts, même style.

356 — PETITE PENDULE en bronze doré, représentant une femme assise sur un divan. Époque Restauration.

357 — FAUTEUIL en bois sculpté, foncé de canne dorée. Époque Louis XIV.

358 — CHAISE BASSE en satin bleu saphir, ornée de riches broderies d'argent et de soie représentant un portail, de grandes fleurs et des branchages. Travail ancien et réappliqué, avec bordure en peluche violette à capitons métalliques, garnie de franges et de passementeries chenillées.

Haut., 65 cent.; larg., 43 cent.

359 — JOLIE CHAISE, dessus en forme d'éventail, dossier à balustre avec bande de broderie couverte de satin loutre, richement brodée de gerbes de fleurs en argent et en soie de toutes nuances.

Haut., 97 cent.; larg., 57 cent.

360 — DEUX CHAISES bois laqué blanc à filets verts, couvertes en cachemire de l'Inde rouge.

361 — TABLE LISEUSE couverte en peluche rouge garnie de franges assorties.

362 — MAGNIFIQUE NÉCESSAIRE DE VOYAGE pour dame, composé de quarante-deux pièces en vermeil ciselé et gravé, enrichies de plaques en or. Travail de *Asprey, de Londres*. Dans sa caisse en bois de violette, garnie de moulures et d'écoinçons en cuivre.

363 — PAIRE DE CORNETS en ancienne porcelaine de Chine orange, avec médaillons à personnages; montures en bronze.

364 — DEUX JOLIS BOUTS DE TABLE à deux lumières en bronze ciselé, gravé et argenté, ornés d'armoiries. Époque Louis XIV.

365 — BUSTE D'ENFANT en marbre blanc.

366 — JOLIE PENDULE avec socle d'applique en vernis Martin fond rouge à fleurs, richement ornée de bronzes dorés rocailles et têtes de béliers. Époque Louis XV.

367 — DEVANT DE FEU en bronze. Style Louis XVI.

368 — DEUX RATELIERS en bronze, fond orné de peintures ; personnages en costumes Moyen-Age.

369 — JOLI COFFRET A BIJOUX en bois noir richement garni de bronzes dorés. Époque Louis XIII.

370 — DEUX DÉCORATIONS DE CROISÉES ET QUATRE PORTIÈRES avec draperies en étoffe de fantaisie, style oriental, garnies de franges et de glands assortis.

Rideaux. Haut . 3 m. 30 cent.; larg., 2 m. 45 cent. et 1 m. 25 cent.
Portières. Haut.. 2 m. 85 cent.: larg., 1 m. 45 cent.

371 — DEUX BEAUX STORES en ancienne guipure au filet avec embrasses.

372 — TAPIS ANCIEN d'Orient, fond blanc à dessin polychrome, bordure multicolore.

Long.. 5 m. 10 cent.: larg., 5 mètres.

FRAGONARD

Attribuées à

373 — Scènes d'intérieur.

Deux pendants.

Toile. Haut . 38 cent.: larg., 30 cent.

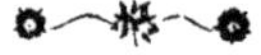

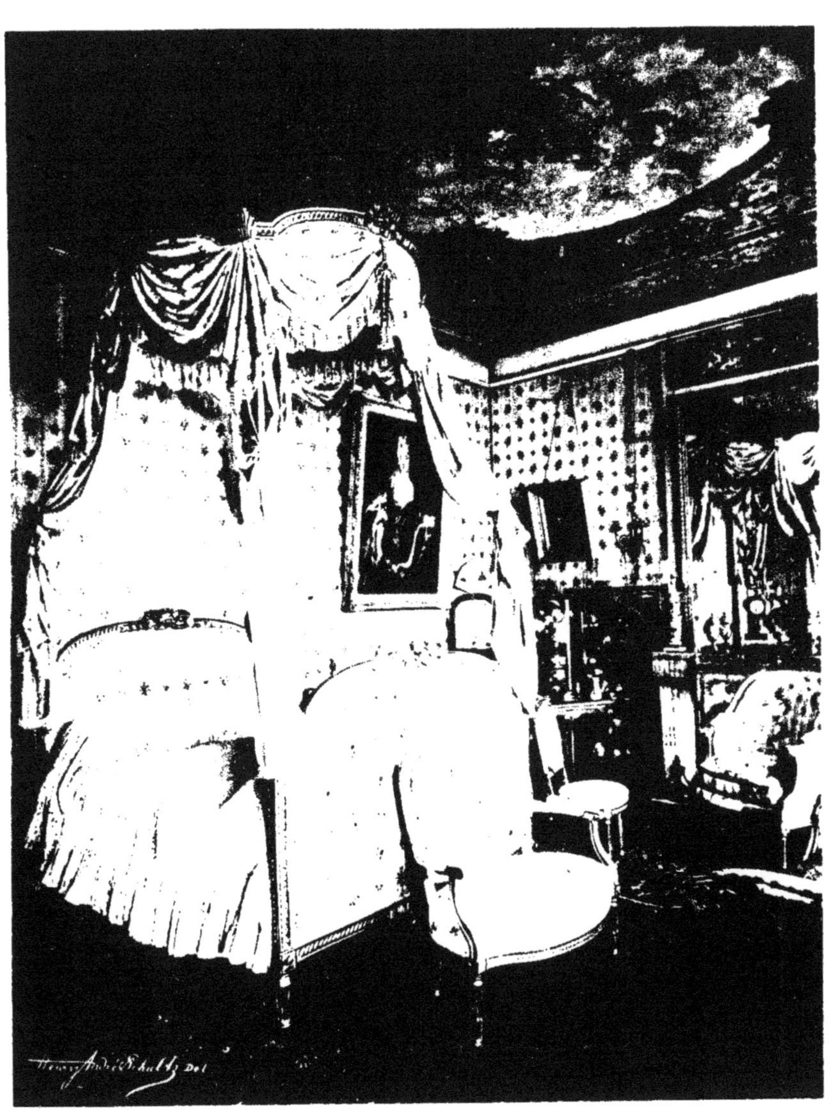

CHAMBRE A COUCHER

374 — TROIS MAGNIFIQUES DÉCORATIONS DE CROISÉES, composées chacune
de deux grands rideaux en soie bleu pâle, à rayures cannetillées et
bouquets de fleurs brochés avec draperies gracieusement relevées par
des cordelières et tombant de chaque côté en cantonnières, le tout
garni de franges et de passementeries, rappelant les nuances des différentes fleurs composant les bouquets du broché : avec rideaux en
taffetas rose pâle, bordés de franges de soie et relevés par des embrasses avec glands de même nuance, en passementerie d'un travail
très délicat. Inspirées des décorations du boudoir de la reine Marie-
Antoinette à Trianon.

> Rideaux bleus. Haut., 3 m. 30 cent.: larg., 80 cent.
> Rideaux roses. Haut., 3 m. 30 cent.: larg., 1 m. 40 cent.

375 — TROIS GRANDS STORES en taffetas rouge bordés de franges de soie
assortie.

> Haut., 3 m. 30 cent.: larg., 1 m. 35 cent.

376 — DEUX BELLES DÉCORATIONS DE PORTES, semblables aux décorations
de croisées précédentes.

> Haut., 3 m. 30 cent.: larg., 80 cent.

377 — TENTURE MURALE complète de la chambre, en même étoffe que les
rideaux et les portières.

Les croisées, portières, panneaux de tenture et la décoration du lit
ont employé 200 mètres d'étoffe.

378 — SUPERBE LIT en bois sculpté et doré, dessin à chainettes, nœuds et
festons de rubans, garni de soie bleu pâle, semblable à la décoration
de la chambre. Avec baldaquin en forme de dais, en bois sculpté et
doré, même dessin que le lit, à contours des plus élégants, garni de
draperies en soie gracieusement relevées par des cordelières avec
glands. Le baldaquin est supporté par quatre rinceaux, dissimulés sous
des rideaux en taffetas rose pâle, relevés par des embrasses de même
nuance, et il est garni à l'intérieur de volants de Valenciennes.

Ce lit rappelle exactement par sa forme et sa décoration celui de la reine Marie-Antoinette à Trianon.

Long., 2 m. 10 cent.; larg., 1 m. 65 cent.
Hauteur du panneau de devant : 1 m. 26 cent.
Hauteur du panneau de fond : 1 m. 50 cent.
Hauteur totale avec le baldaquin : 3 mètres.
Les dentelles mesurent : Long., 24 m. 50 cent.; larg., 25 cent.

379 — MAGNIFIQUE COUVRE-LIT tout en guipure au crochet de Venise, dessin des plus délicats à bandes et rosaces, avec milieu forme carrée représentant un semis de fleurs d'une finesse remarquable. Doublé de taffetas rose pâle.

Long., 2 m. 50 cent.; larg., 2 m. 50 cent.

380 — BELLE CHAISE LONGUE en deux parties en bois sculpté et doré, décor à fleurs, couverte d'ancien brocart d'argent, dessin à fleurs et grands ramages sur fond rouge, garnie de passementeries. Époque Louis XV.

Long., 1 m. 90 cent.; larg., 75 cent.

381 — COUSSIN long en ancienne broderie d'Orient, dessin à rosaces et fleurs, doublé de soie rose pâle.

Long., 78 cent.; larg., 40 cent.

382 — PETIT COUSSIN en satin jaune et broderie de soie blanche, dessin semis de fleurs garni de broderies chenillées multicolores et doublé de satin jaune.

383 — PETIT CANAPÉ forme dite Marie-Antoinette, en bois sculpté et doré, du temps de Louis XVI, couvert en soie bleu pâle semblable à la tenture.

Haut., 90 cent.; larg., 94 cent.

384 — GRANDE ET BELLE BERGÈRE en bois sculpté et doré, recouverte en soie brochée de guirlandes de fleurs et de bouquets détachés sur fond crème, avec coussin en même étoffe, gainée au revers de même soie. Le tout du temps de Louis XVI.

Haut., 96 cent.; larg., 70 cent.

385 — TRÈS BEAU FAUTEUIL en satin bleu pâle, recouvert de riches broderies anciennes d'or et d'argent, dessin à arabesques et parterre de fleurs sur fond de satin crème garni de franges de soie et de passementeries.

Haut., 92 cent.; larg., 67 cent.

386 — **Beau fauteuil** en satin rose pâle recouvert de superbes broderies
anciennes d'or, d'argent et de soie, semé de paillettes à riche dessin
de corbeilles de fleurs, de rinceaux feuillagés, de papillons et de tu-
lipes d'une finesse remarquable, garni de franges assorties.

Haut., 92 cent.; larg., 67 cent.

387 — **Deux chaises** en bois sculpté et doré, recouvertes de soie bleu pâle,
semblables à la tenture entourée de guipures. Style Louis XIII.

Haut., 85 cent.; larg., 40 cent.

388 — **Chaise** en bois sculpté et doré, avec dossier à médaillon, garnie
comme le dessus de satin rose pâle, brodé de soie blanche à bords cannetillés. Le tout du temps de Louis XVI.

Haut., 89 cent.; larg., 44 cent.

389 — **Très jolie table de toilette** à étagères en peluche nuance blanc
d'argent, avec bande en broderie de vermeil sur fond drap d'argent ;
entourée de bandeaux en même broderie plus étroite, et offrant sur la
tablette d'entredeux un parterre de même travail. Au-dessus s'élève
un amour en bois sculpté, peint et doré, soutenant une draperie en ancienne guipure de Venise.

Haut., 80 cent.; larg., 52 cent.

390 — **Très belle garniture de toilette** en vermeil ciselé, guilloché et
gravé, composée de deux savonnettes, deux flacons, deux boîtes à
poudre, deux boîtes à brosses, une boîte à épingles, un encrier.

391 — **Paire de charmants petits candélabres de toilette** en vermeil
ciselé à deux lumières. Travail d'Odiot.

392 — **Belle commode** forme demi-lune, en bois rose satiné, ornée de
bronzes ciselés et dorés, frises à arabesques feuillagés, montants à
consoles enguirlandées de lauriers, encadrement à tore de feuillages.
Elle s'ouvre à deux tiroirs sur le devant et à une porte de chaque
côté. Époque Louis XVI. Dessus en marbre brèche violette suivant
les contours du meuble.

Haut., 85 cent.; larg., 1 m. 10 cent.; prof., 51 cent.

393 — Petite table formant bureau de dame, en bois rose satiné, de
forme élégante, du temps de Louis XV, garnie de bronzes dorés, avec
encadrements et moulures.

Haut., 70 cent.; larg., 43 cent.

394 — Petite console d'entre-croisée en bois sculpté et doré, bandeau à
chainettes, ornée de guirlandes de laurier ; dessus en marbre gris
veiné du Languedoc. Époque Louis XVI.

Haut., 83 cent.; larg , 63 cent.

395 — Petite table rognon à deux tablettes d'entrejambes, décor genre
vernis Martin, à sujet champêtre ; dessus orné d'une galerie de cuivre.
Style Louis XV.

Haut., 75 cent.; larg., 54 cent.

396 — Vitrine s'ouvrant à une porte, en bois noir d'ébène et de tuya,
incrustée de filets de cuivre, ornée d'arabesques et de moulures en
bronze doré : dessus en marbre noir. Style Louis XVI.

Haut., 1 m. 47 cent.; larg., 66 cent.

397 — Joli écran en bois sculpté et doré, avec fronton à trophées et
panneau en ancienne broderie d'argent sur fond de soie bleu pâle, à
dessin cannetillé. Époque Louis XVI.

Haut., 1 mètre; larg., 60 cent.

398 — Petite table rectangulaire formant bureau de dame, en bois rose
et marqueterie de bois, ornée de bronzes dorés du temps de
Louis XVI.

Haut., 70 cent.; long., 70 cent.; larg., 42 cent.

399 — Joli paravent à trois vantaux, en bois sculpté et doré, garnis de
soie brochée à festons de fleurs et bouquets détachés sur fond crème,
rayures cannetillées, avec glaces biseautées en haut entourées de
peluche rose. Gainé au revers de soierie vieux rose brochée.

Haut., 1 m. 50 cent.; larg., 1 m. 62 cent.

400 — Belle commode à deux tiroirs, élevée sur pieds à contours, en bois

rose et marqueterie de bois, dessin à corbeilles de fleurs sur fond teinté vert, ornée de bronzes dorés ; dessus en marbre violacé et veiné blanc. Époque Louis XVI.

Haut., 80 cent.; larg., 92 cent.

101 — TABLE DE NUIT de forme ovale et cintrée, en bois de violette et marqueterie, dessin à corbeille de fleurs, ornée de bronzes ; dessus en marbre rouge veiné avec galerie de cuivre. Époque Louis XVI.

Haut., 78 cent.; larg., 47 cent.

102 — JOLIE PENDULE forme vase, en bronze ciselé et doré, fond patine acier, anses à dauphins, pied orné d'arabesques, sur socle en marbre blanc, surélevée sur socle en velours rose. Époque Louis XVI.

Haut., 50 cent.

103 — PAIRE DE JOLIS CANDÉLABRES à trois lumières, forme vases, en marbre blanc, montés en bronze ciselé et doré, anses à têtes de satyres, bouquets à têtes d'aigles, avec torchères au centre ornées de couronnes de fleurs. Époque Louis XVI.

Haut., 60 cen .

104 — PAIRE DE CASSOLETTES en porcelaine de Tournai, forme ovoïde, fond bleu turquoise, avec médaillons représentant la reine Marie-Antoinette et le roi Louis XVI ; monture en bronze doré.

Haut., 30 cent.

105 — LAMPE formée par un vase, en ancien émail cloisonné de Chine, fond bleu turquoise, à arabesques en couleur ; monture de Gagneau.

Haut., 45 cent.

106 — COUPE en porcelaine de Sèvres bleu lapis rehaussée d'or, au chiffre de Napoléon III.

Haut., 25 cent.

107 — DEUX BEAUX CHENETS en bronze ciselé et doré, vases avec anses à cornes d'abondance, sur balustrade à fond bleu. Style Louis XVI.

Haut., 32 cent.; larg., 32 cent.

108 — PAIRE DE VASES avec couvercles de Saxe, décor fond vert à fleurs et médaillons à sujets Watteau.

Haut., 33 cent.

409 — Écuelle avec couvercle et plateau en argent repoussé, décor à bustes de personnages et guirlandes reliées par des nœuds de rubans.

Diam., 22 cent.

410 — Écuelle en argent repoussé, à anses plates formées d'accouplements de lions héraldiques.

Diam., 16 cent.

411 — Huilier en porcelaine de Naples, décor à fleurs, anse à cariatide.

412 — Paire de flambeaux en bronze doré, fuseaux tors. Époque Louis XVI.

Haut., 28 cent.

413 — Paire de belles appliques en bronze ciselé et doré, à deux lumières, modèle lyre suspendue à des guirlandes de lauriers et à des serpents, rinceaux ornés de guirlandes de raisin, et offrant au-dessous des lyres des têtes de satyres, avec draperies retenant des trophées d'instruments champêtres. Style Louis XVI.

Haut., 72 cent.

414 — Deux glaces d'entre-croisées, cadres en bois sculpté et doré : une d'époque, l'autre de style Louis XVI.

Haut., 2 m. 60 cent.

415 — Glace avec cadre à fronton en bois sculpté et doré. XVIIIᵉ siècle.

Haut., 49 cent.

416 — Groupe de deux figures : Scène champêtre, en biscuit Louis XVI; socle en bois doré.

417 — Éventail du temps de Louis XVI, feuille représentant *Apollon au Parnasse, couronné par les Muses;* monture en nacre rehaussée d'or, à sujet et ornements.

418 — Éventail du temps de Louis XV, représentant *le Triomphe de Diane;* monture en nacre rehaussée d'or, à sujet et rocailles.

419 — Éventail du temps de Louis XVI, représentant *la Diseuse de bonne aventure;* monture ivoire à sujets et rehaussée d'or.

420 — Éventail style Louis XV, représentant le Triomphe de l'Amour; monture en nacre sculptée.

421 — ÉVENTAIL du temps de Louis XV, sujet allégorique; monture ivoire rehaussé d'or.

422 — ÉVENTAIL du temps de Louis XV, représentant *le Jugement de Paris*; monture ivoire à rehauts d'or.

423 — BEAU TAPIS de Smyrne, fond bleu pâle, dessin polychrome a médaillon, avec bordure fond rouge.

Long., 7 mètres ; larg., 5 mètres.

LARGILLIÈRE

424 — Beau portrait de Mme de Parabère.

Représentée debout en robe bleue décolletée, élégamment et drapée, à larges manches garnies de dentelles, avec manteau d'hermine jeté sur ses épaules, tenant une guirlande de fleurs dans les mains.

Cadre en bois sculpté et doré ancien.

Haut., 1 m. 3 cent.; larg., 91 cent.

NATOIRE

Attribué à

425 — Très beau Plafond représentant des jeux d'amours et des ornements dans les angles.

Provient de l'hôtel Dombe, décorait la chambre du Midi au salon des Fleurs. N° 478 du Catalogue.

VOITURE

426 — BELLE VICTORIA à huit ressorts, intérieur cuir vert capitonné, caisse
vert foncé, roues noires; de *Rothschild*.

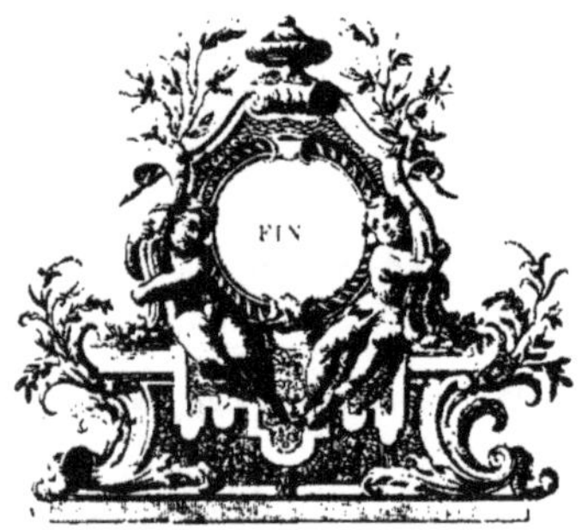

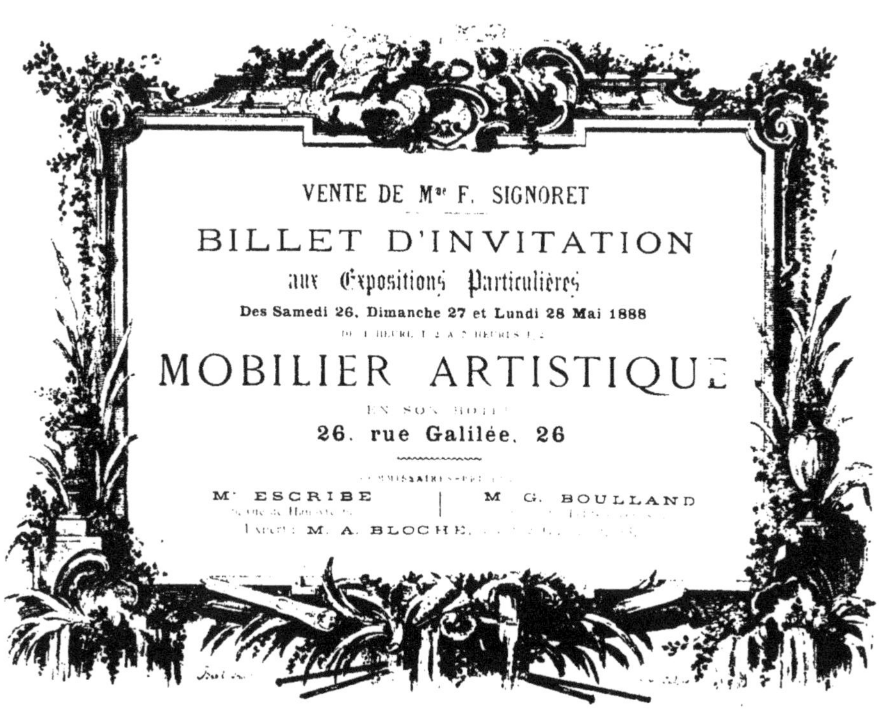
VENTE DE M⁰ F. SIGNORET
BILLET D'INVITATION
aux Expositions Particulières
Des Samedi 26, Dimanche 27 et Lundi 28 Mai 1888
MOBILIER ARTISTIQUE
26. rue Galilée. 26
M. ESCRIBE   M. G. BOULLAND
M. A. BLOCHE

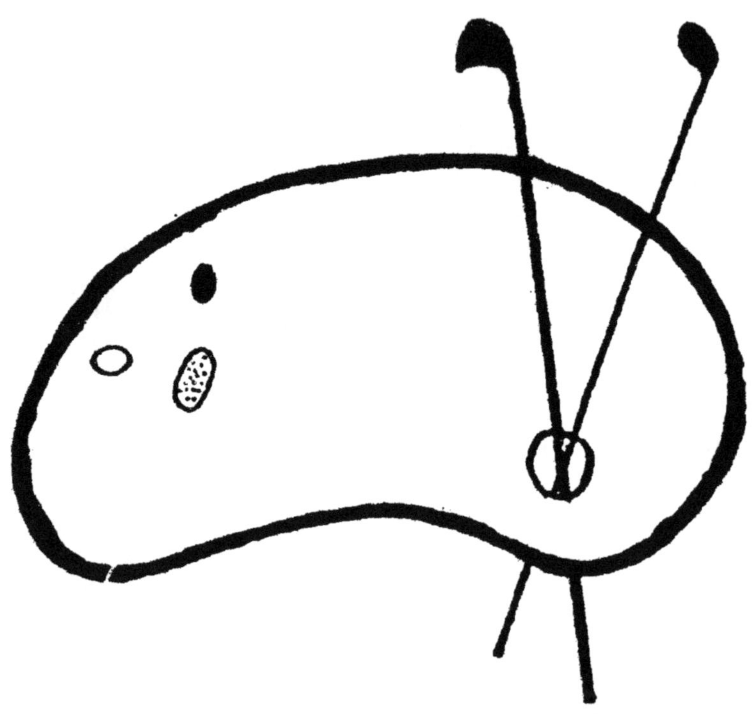

DEBUT D'UNE SERIE DE DOCUMENTS
EN COULEUR

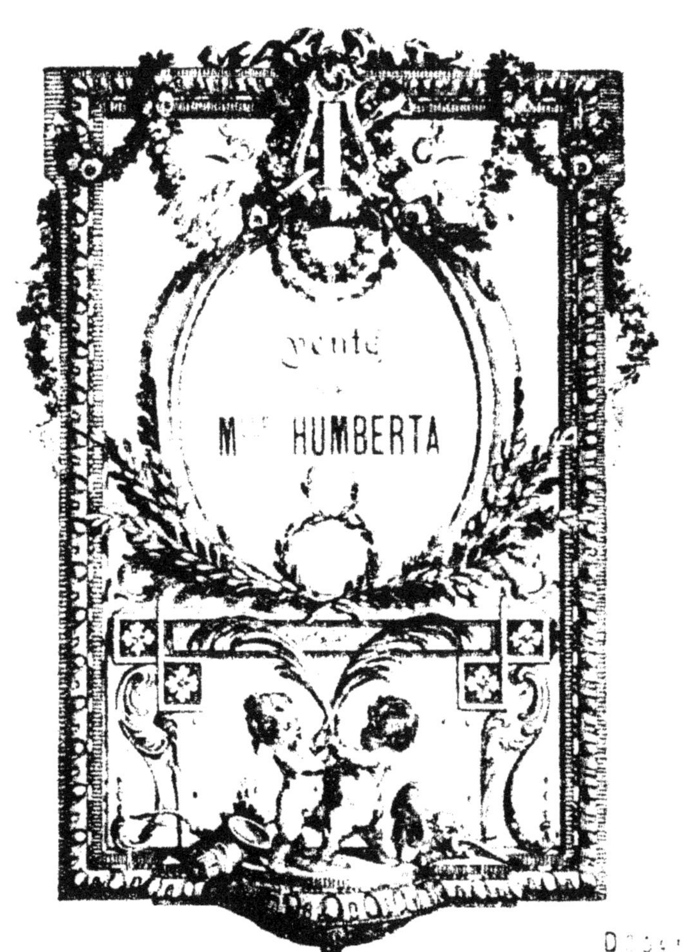
vente
M HUMBERTA

BILLET D'INVITATION

aux

Expositions Particulières

Des Lundi 30 et Mardi 31 Mai 1887

14, rue François Ier, 14

M. ESCRIBE   M. A. BLANCHE

www.ingramcontent.com/pod-product-compliance
Ingram Content Group UK Ltd.
Pitfield, Milton Keynes, MK11 3LW, UK
UKHW031814170726
13836UKWH00003B/1411